稻盛和夫
经营实录 第1卷

赌在技术开发上

[日] 稻盛和夫 著　京瓷株式会社 编　曹寓刚 译　曹岫云 审校

技術開発に賭ける

图书在版编目（CIP）数据

赌在技术开发上 /（日）稻盛和夫著；日本京瓷株式会社编；曹寓刚译．—北京：机械工业出版社，2017.6（2025.5重印）

（稻盛和夫经营实录）

ISBN 978-7-111-57079-0

I. 赌… II. ①稻… ②日… ③曹… III. 企业管理－技术革新－经验－日本－现代 IV. F279.313.3

中国版本图书馆CIP数据核字（2017）第111361号

北京市版权局著作权合同登记　图字：01-2017-3100号。

INAMORI KAZUO KEIEI KOEN SENSHU (1)
GIJUTSU KAIHATSU NI KAKERU
by KAZUO INAMORI.
Copyright © 2015 KAZUO INAMORI.
Simplified Chinese Translation Copyright © 2017 by China Machine Press.
Simplified Chinese translation rights arranged with Diamond, Inc. through Bardon-Chinese Media Agency. This edition is authorized for sale in the Chinese mainland (excluding Hong Kong SAR, Macao SAR and Taiwan).

No part of this book may be reproduced or transmitted in any form or by any means, electronic or mechanical, including photocopying, recording or any information storage and retrieval system, without permission, in writing, from the publisher.

All rights reserved.

本书中文简体字版由Diamond, Inc.通过Bardon-Chinese Media Agency授权机械工业出版社在中国大陆地区（不包括香港、澳门特别行政区及台湾地区）销售。未经出版者书面许可，不得以任何方式抄袭、复制或节录本书中的任何部分。

赌在技术开发上

出版发行：机械工业出版社（北京市西城区百万庄大街22号　邮政编码：100037）
责任编辑：王　琦
责任校对：李秋荣
印　　刷：涿州市京南印刷厂
版　　次：2025年5月第1版第17次印刷
开　　本：130mm×185mm　1/32
印　　张：14.5
书　　号：ISBN 978-7-111-57079-0
定　　价：79.00元

客服电话：(010) 88361066　68326294

版权所有・侵权必究
封底无防伪标均为盗版

为研发技术而倾注心血的20世纪70~80年代

"我们目前从事的技术研发工作,其构想蓝图之大,挑战难度之高,倘若基于现有的技术水平,则根本无法想象。要想成功,唯有一条路,即坚信人的努力能够创造无穷的可能性。"

敬天愛人

稲盛和夫

推荐序

一灯照隅 万灯照世

判断基准是哲学核心

从 2005 年开始,我花了大约 1 年时间,写了《稻盛和夫成功方程式》这本书。为此,我认真阅读了当时可以找到的稻盛先生所有的著作和讲演。承蒙稻盛先生亲自推荐,这本书还用日文在日本出版并畅销。

从 2009 年开始,我又翻译和编译了稻盛先生的《活法》《干法》等 21 部著作。可以说,我对稻盛先生的思想和语言已经相当熟悉了。尽管如此,在翻译(和审译)"稻盛和夫经营实录"系列著作的时候,我仍然常常情不自禁地拍案叫绝,感动不已。我想,这是因为书中跃动着的活的灵魂触及了我的心弦。

稻盛先生是企业家中的哲学家。他心中总是持有两种互相对立的思想,并随时都能正常地发挥两者各自的功能。这就是哲学和哲学家的魅力。

"稻盛和夫经营实录"系列从20世纪70年代开始,跨越了40余年,包括《赌在技术开发上》《利他的经营哲学》《企业成长战略》《卓越企业的经营手法》《企业家精神》《企业经营的真谛》共6本书,涉及经营和人生的方方面面,内容非常丰富。

内容虽然丰富,但是稻盛哲学的核心可以浓缩为一句话,"判断事物的基准是:作为人,何谓正确"。换一种说法就是,把善恶而不是得失作为判断和行动的基准。

这一哲学贯穿在该系列55篇讲演的每一篇中,让每一篇都成为经典,使人读之如沐春风。

"一言兴邦",破产重建的日航,就因为32 000名员工学习、掌握并实践了这一哲学,仅仅1年便起死回生,经营业绩连续6年在全世界航空业遥遥领先。在实现全体员工物质和精神两方面幸福的同时,日航对客户、对社会做出了贡献。

可以设想,如果全世界的人都实践"作为人,何谓正确"这一哲学,那么人类将会升华,人类社会将会进入更高阶段的文明。

MBA 的缺陷

1982年,通过选拔考试,我被国家经济贸易委员会派往日本东京的生产性本部学习企业诊断。学习内容主要是科学管理的分析技术和技法,基本上就是 MBA 的那一套,比如对作业人员的工作乃至动作进行细致的分析测定,对生产工序进行观察分析,对设备运转率进行测定分析,对产品和市场进行细分以及对企业的收益性、成长性、安全性等进行财务分析,等等。

在计划经济时代,中国企业都是全民所有制或集体所有制,用的是所谓传统的管理方法。当时适逢改革开放之初,随着市场竞争机制的导入,对于这一套生产管理、质量管理、目标管理、精益管理等的技术技法,大家觉得很新鲜。后来如雨后春笋般,各种商学院都教这些课程,大同小异。

但是,这一整套从西方,主要是从美国引进的科学的分析技法有一个缺陷。依靠这些分析技法,并不能分析出企业家为什么要办企业,企业的根本目的是什么,也分析不出企业家应有的人生观、价值观乃至企业家的人格,更分析不出企业员工的意识状况,而这些对于企业经营至关重要。现在我们的企业里发生的各种问题,乃至许多闻名世界的大企业发生的舞弊丑闻,其根本原因就在这里。这不是什么科学或科学水平高低的问题,而是有没有正确的企业哲学的问题。

特别在 2008 年,发端于美国的金融风暴席卷全球。这场危机的本质是贪得无厌的资本主义的暴走狂奔。资本主义的精英们使用现代最尖端的金融技术,靠所谓虚拟经济,以钱生钱,追求自身利益的最大化,结果造成了世界性的经济混乱和萧条。

自由竞争的市场原理、股东利益的最大化以及绩效主义,一方面搞活了经济,促进了社会的发展;另一方面,刺激了人的欲望，造成了严重的贫富差异，制造了社会动荡的根源。高度膨胀的利己主义、拜金主义在破坏人心的同时，也破坏了环境。在企业里，过度的绩效考核往往把人和人之间的关系变成了赤裸裸的、庸俗的金钱关系。

传统文化的局限

在以西方为代表的资本主义文明出现严重危机的时候，有人就想从东方文化，特别是从中国传统文化的儒释道中寻找出路，于是出现了"国学热"，现在方兴未艾。

中国几千年悠久的历史孕育了灿烂的文化，其中蕴含着巨大的智慧。特别是在正确的为人之道、致良知等方面，我们的古圣先贤有非常精辟的见解。这些教诲对于校正浮躁喧嚣的现实社会，具有深远的意义。

同时，在几千年封建皇帝的独裁统治下，我们的经济相对落后。在原始的、自给自足的自然经济条件下，我们没有也不可能产生现代意义上的企业这种组织形式，缺乏科学、民主和创新的元素。当然，我们也没有企业管理方面的科学,没有企业经营的哲学和实学,更没有经营十二条、会计七原则、阿米巴经营,但这些是我们的企业家最需要的东西。另外,用难懂的文言文来教育企业的员工,改变他们的意识,事实上有很大困难。

稻盛哲学是集古今一切优秀文化之大成,应用于现代企业经营取得卓越成功的典范,是现代商业社会的儒释道。它把"作为人,何谓正确",也就是把"是非善恶"作为判断一切事物的基准,在追求全体员工物质和精神两方面的幸福的同时,为人类社会的进步发展做出贡献。另外,稻盛说的都是大白话,简单朴实,易于为普通员工理解和接受。

卓越的社会实验

京瓷、KDDI以及日航共计约13万名员工,已经在某种程度上实现了全体员工物质和精神两方面的幸福,并通过技术、服务、税金以及他们成功的哲学实践,对人类社会做出了巨大贡献。

这是伟大的社会实验。几千年来,古今中外先贤圣人描绘的理想社会,在稻盛那里变成了现实,这是前无古人的。星星之火,可以燎原。如果我们从稻盛哲学和它的实践中获得启示,并把我们与生俱来的良知发扬光大,我们就可以成为一个个"小稻盛",就能把自己的企业做得更好,让员工更幸福,对社会多做贡献。

"一灯照隅是国宝",一个行业中只要出现一家实践稻盛哲学和实学的成功典范,就可能改变整个行业的风气。"一灯照隅,万灯照世",如果有1万家企业实践良知经营并获得成功,就能改变整个商业文明的走向——从利己的文明走向利他的文明。

如果不改变人类这个利己主义的文明的走向,人类将没有未来!

稻盛和夫(北京)管理顾问有限公司董事长曹岫云
2017年5月10日

前 言

1959年我和7名伙伴共同创建了京瓷。当时既没有什么了不起的技术，也没有什么像样的设备。一个刚刚建立的公司想要生存下去，除了向谁都不愿做的新事业发起挑战之外，没有别的道路可走。

从那时起，我们全力以赴，在技术开发上倾注心血，不断提升技术，并在其延长线上展开多元化事业。

现在（2015年），京瓷集团充分利用精密陶瓷的特性，从各种产业用零部件开始，到以半导体封装为代表的各种电子零部件、电子设备，再到太阳能发电基板、切削工具、医疗用材料、珠宝饰品等精密陶瓷的应用品，以及手机、打印机、复印机等信息通信机器，在广泛的领域内开展了事业，销售额超过15 000亿日元。

《赌在技术开发上》汇集了我从20世纪70年代到80年代的多次讲演。当时，我站在企业经营的第一线，同时又在技术开发上负责阵前指挥。在技术开发的基础上经营企业，我认为这就是京瓷这个企业的原点。同时，要相信自己无限的可能性，不断挑战，不断创造，以实现企业的成长发展。钻石社认为，从这个意义上讲，京瓷或许可以成为现在日本企业的一个榜样。正因为现在的日本产业界充满着闭塞感，所以京瓷的挑战精神和创造精神特别值得参考。应钻石社这一要求，我决定公开我在40年以前所做的讲演。

日本缺乏资源，又因为"少子化"，经济实力不得不下行。在这种情势下，日本想继续生存下去，除了赌在技术开发上之外，没有其他的立国之道。重读我在40年前的讲话，基本思想至今依然没变，依然有效。挑战、创造及其背后的热情，乃是开辟新时代的原动力。如果诸位能从本书中找到度过混乱时代的启示，作为作者，我将感到无比欣慰。

"稻盛和夫经营实录"系列是我作为经营者,历经半个世纪以上,不停不休向前迈进留下的足迹。

前进的道路绝不平坦,崎岖曲折且充满艰难险阻,但是我咬紧牙关一直向前,一刻不停地走到今天。这是因为我经营企业,是为了实现全体员工物质和精神两方面的幸福,是为了对人类社会的进步发展做出贡献,也就是出于利他的目的,如此而已。

本书也是一样,内容都是应人之邀所做的讲演。我希望抱着真挚之心投入经营的企业家以及各种组织的领导人,能够读一读本书。我希望本书的读者,不但能经营好自己的事业,而且能让身旁更多的人获得幸福,并且通过这种利他的行为,把这个社会变得更好。

稻盛和夫

2015 年 9 月

目 录

推荐序

前言

我的企业家精神 / 1
在熊本日日新闻情报文化恳谈会上的讲演
——1976 年 12 月 2 日

企业经营中最重要的事 / 2
判断基准是"作为人,何谓正确" / 6
只靠方法和策略不能经营好企业 / 11
因日本和美国思维方式的不同而苦恼 / 15
在美国也能实践"以心为本"的经营 / 21
福泽谕吉所倡导的领导人应有的资质 / 25
我们拥有梦想,充满浪漫 / 27
坚信一定成功,拼命努力奋进 / 29
持有渗透到潜意识的强烈愿望 / 32

自己的才能要用于为社会效力 / 34
  将全部生命、全部人格注入企业 / 37

赌在技术开发上 / 49
在窑业协会第 50 届全体大会上的讲演
　　——1976 年 5 月 19 日

  技术开发的理念 / 50
  首先动机非常重要 / 52
  最需要的是"自燃型"人才 / 56
  严格地要求自己 / 58
  不懈努力达至伟大成功 / 59
  自己的能力要用将来时看待 / 63
  做出不亚于任何人的卓越的技术开发 / 67

将研究开发引向成功的思维方式和手法 / 79
在管理中心的讲演——1977 年 2 月 17 日

  在自身技术的延长线上确定研究开发的课题 / 80
  技术研发"不下飞子" / 83
  必要的是技术的"强度" / 85
  千辛万苦创造市场 / 86
  没有市场,就自己创造 / 90

从材料、技术、零部件三者的组合上探索可能性 / 94
制造为客户创造高附加值的产品 / 96
相对于研发课题,项目领导人更为缺乏 / 99
研发领导人所需要的人格 / 103
销售人员不兼任新产品的销售负责人 / 104
将自己置于饥渴状态 / 106
京都的本地企业应该相互提供技术 / 109
将研发课题设置在稍高的难度 / 112
从事研发所需要的"企业家精神" / 116
成就革新事业的往往是外行 / 120

将专业化作为基轴,开发技术,经营企业 / 127
在第 24 届轻井泽经营者经营决策研修会上的讲演
——1979 年 7 月 18 日

产业结构需要转变的 20 世纪 80 年代 / 128
将专业做到极致,以高技术为基础开展经营 / 133
意识到"只有专业化,才有出路" / 137
从核心技术出发,展开多元化 / 139
研究工作世界领先
——应用于电子工业 / 141
实现自古以来人类的梦想
——应用于人体的材料 / 143

创造新产品、新市场
　　——人工宝石的开发 / 147
挑战整个人类面临的课题
　　——向替代能源领域进军 / 151
多元化朝"水平方向"扩展 / 152
"战力集中投入型"经营孕育技术革新 / 156
技术革新需要提高企业的流动性 / 159

创造的喜悦 / 167
在丰田车体工厂的讲演——1981年6月3日

京都陶瓷公司概要 / 168
创造从描绘梦想开始 / 168
描绘梦想，相信"能行" / 170
乐观地设定目标 / 174
描绘梦想，积极开发，争当世界第一 / 176
实行阶段，悲观地审视构想 / 181
热情决定事情的成败 / 184
意念导致成功 / 190
成败取决于愿望的强弱 / 193
愿望释放强大的能量 / 195
应该有效使用潜意识 / 197

销售工作也要"创造" / 202

创造市场——再结晶宝石的案例 / 206

蓝宝石单晶体的应用事例 / 219

创造性的意义 / 223

"想"就是最大的能量 / 225

研究开发和海外活动所需要的领导人的人格 / 237
在丰田各分公司领导人夏季研讨会上的讲演
——1979年8月23日

独创性研究开发的时代到来了 / 238

由"危机感"产生的动机刺激和目标设定 / 241

研究开发工作需要什么类型的领导人 / 243

人格决定研究结果 / 246

研究开发需要平衡的人格 / 251

潜意识给予不可思议的启示 / 255

幸运由自己创造 / 258

所有领导人都要具备的共同素质 / 260

从巨额赤字到高收益——京瓷的海外活动 / 261

美国经营管理的问题点 / 264

制定企业理念,植入员工心中 / 270

海外事业成败的关键在于领导人的人格 / 272

"能干经理"常犯的错误 / 275

奋斗的中小企业的销售战略 / 285
在日本青年会议所经营开发研讨会上的讲演
——1979年9月7日

世界通用的销售条件 / 286
销售战略之一：首先把公司的名字向社会
　　渗透 / 288
销售战略之二：具有非常快速的开发能力 / 293
销售战略之三：持续提供比别的公司
　　更优秀的产品 / 294
销售战略之四：在市场上有竞争力的价格 / 295
定价即经营，定价是领导人的职责 / 299
生意能否做成，由经营者的思维方式决定 / 301
销售战略之五：建立体制，保证客户要求
　　的交期 / 305
销售的基本姿态就是对客户服务彻底 / 306
不管时代如何变迁，经营的原理原则
　　岿然不动 / 310
如何满足复数客户 / 313
经商的最高境界是受到客户的尊敬 / 319

把卖不动的东西卖好，才是销售专家 / 323
商品普及、市场开发的五个阶段 / 329

为了发挥企业"飞行员"的作用 / 339
在盛和塾京都塾长例会上的讲话
——1989年6月22日

确切掌握每一项事业的实态 / 340
必须正确地看到经营的实态 / 344
分部门核算和"一一对应"的会计原则 / 348
问答：有关经营管理的Q&A / 355

中坚企业领导人的条件 / 373
在京都经济同友会创立30周年纪念论坛上的讲演
——1978年10月3日

中坚企业成长发展的原动力 / 374
领导人的条件之一：必须时刻保持谦虚
——能从相对立场上认识事物的人，
总是谦虚的 / 375
领导人的条件之二：必须公平
——只要稍有私心，判断就会迷惑，
决断就会走向错误的方向 / 376

领导人的条件之三：

　　必须具备自我牺牲的勇气和精神

　　　　——如果要为集团做贡献，就必须付出相应的

　　　　能量和代价 / 378

领导人的条件之四：遵循原理原则

　　　　——要拥有触及事物本质的思维方式，

　　　　必须养成回归原理原则进行判断

　　　　的习惯 / 380

领导人的条件之五：拥有创造之心

　　　　——所谓创造，是在思考、思考、

　　　　再思考的过程中，在苦思苦想的

　　　　痛苦过程中产生的 / 384

领导人的条件之六：具备勇气，襟怀坦白

　　　　——卑怯的举止会引发集团内部的舞弊，

　　　　导致欺瞒和道德堕落 / 387

领导人的条件之七：光明正大地追求利润

　　　　——光明正大、堂堂正正地努力工作，

　　　　创造卓越的产品，获取高额的利润 / 388

领导人的条件之八：认识到自己为什么会成为领导人

　　　　——能力必须用来为社会服务，而不是只为

　　　　自己谋利 / 390

当今世界特别需要追求正道的领导人 / 392

向理想的经营者西乡南洲和大久保利通学习 / 403
在大阪盛和塾塾长例会上的讲话——1989年10月16日

《宛如飞翔》中的两人 / 404

鹿儿岛人对于西乡南洲和大久保利通的不同评价 / 405

从《南洲翁遗训》看政治和经营的共同点 / 412

西乡南洲所提倡的领导人的理想形象 / 416

领导人要做的无非三条 / 419

关注大久保利通,学习他的冷静与理性 / 421

两个极端兼备 / 425

小善是大恶 / 430

严于律己的另一个自己 / 433

注:本丛书选取了稻盛和夫从20世纪70年代至21世纪前10年(现代)的海量演讲稿件,并加以编辑和整理,其中可能存在故事重复或与当前状况脱节的用语,为了尊重时代背景并体现演讲的临场感,特意保持原汁原味,望各位读者理解。

我的企业家精神

在熊本日日新闻情报文化恳谈会上的讲演
——1976年12月2日

此次演讲,正值京瓷创立的第17个年头。

当时,京瓷的销售额已在400亿日元左右,拥有大约4000名员工,处于朝气蓬勃的成长期。而当时的稻盛和夫,也迎来了其不惑之年的第4个年头。

面对会场里的160多名听众,他讲道,京瓷之所以能够在石油危机后的经济低迷期实现高收益,是因为"以心为本"的经营方式。此外,他还阐述了组织的统率——领导所应具备的思维方式。在演讲接近尾声时,他总结道,企业领导应该将自身的才能为社会所用,并且必须拥有较高的觉悟——甘愿把自己的一切奉献给企业。

企业经营中最重要的事

我是刚刚承蒙介绍的稻盛。今天受我公司的股东之托,向在座的各位发表讲话。我们成功合成了绿宝石,并以"绿色月牙"(Crescent Vert)品牌销售再结晶宝石。不久前,由于代理我们产品的关系,我与京都的股东见面,受对方之托,到熊本来做讲演。

虽然没有什么了不起的内容可以讲,但既然给了我时间,我就不想泛泛而谈。我出生于大家所在的熊本附近的鹿儿岛,在鹿儿岛长大直到大学毕业。像我这样的乡下人,居然也取得了今天这样的成就。我希望大家能从中得出一个结论:"既然像稻盛这种水平的人尚能取得如此骄人的成就,那么我应该也行。"

我毕业于鹿儿岛大学工学部的应用化学专业,虽然在京都就职,当时却只会讲鹿儿岛方言。我的大学教授甚至曾经对我说:"你在京都工作,却只能讲鹿儿岛方言,这是个问题。"在我就职的公司,我被安排在研发部门。电子时代即将到来,需要开发电子产业需要的材料,我的研究从这里开始。

但是最初,我甚至不敢接电话。在我生长的环境中,电话是很少见的。对我来说,电话是一个很陌生的事物。从电话里听到的声音,似乎很遥远,总有听不清楚的感觉。就是这样,当初我害怕接电话,连京都话都不会说。自大学毕业离开乡村到今天,已经过去21年了。

1959年,因意料之外的原因,我创办了企业。当然,我并不是认为自己有本事才创办企业的。在之前的企业做研发时,由于技术问题与上司意见不合,我们发生了争执。可能也是日本九州男儿的缺点吧,我当时脱口说出"那我就不干了",离开了公司。

在此之后，我曾经考虑过出国，但周围的友人劝我说："好不容易在研发上有了成就，以此为基础创业吧。"所以，我着手建立企业，但是并没有创业资金。这时，我在京都遇到的一位贵人不仅帮助我融资，而且教导我，做事业最重要的莫过于"人心"。

最初遇到这位先生的时候，我只是告诉他："想利用我此前的研究成果，开发出电子工业用的新材料。"

但是，这位先生却教导我说："你虽然非常年轻，但已拥有很了不起的思想，而且你做事特别认真。所以我愿意帮助你，我准备出资300万日元。但这个钱并不是用来雇用你的，而是因为我欣赏你、佩服你，所以才为你拿出300万日元。不过，你要自己来经营这个公司，带领大家开拓前进。另外，在任何情况下，你都不能做金钱的奴隶，不能为金钱所支配。你要在资金缺乏、一无所有的情况下，带领和你一起工作的伙伴,凝聚大家的力量,建立一个互相信任、心心相印的团队。这样的团队比什么都强大,经营企业必须依靠这样的团队。"

于是,我和7名伙伴一起,加上招聘来的20名初中毕业生,总共28人,开始经营企业。正因为我们一无所有,所以我决定遵循这位出资人的教导,以人心为本开展经营。

的确,发展事业需要以金钱为代表的物质层面的东西,而且人心有极不可靠的一面。即使在曾经相互信任的朋友之间,背叛、欺骗等行为也司空见惯。虽然人心易变,人心难测,但是一旦心心相连,又没有任何东西能像人心一样可靠,在任何逆境中都牢不可破。我想以这种可靠的、牢不可破的人心作为基础,经营我们的事业。

确定了这个"以心为本"的经营方针后,我就思考:"既有靠不住的人心,又有值得依靠的人心,那么这种差异究竟是怎么产生的呢?"当时,我 27 岁,还很年轻。但是,"从今天开始,我必须站在领导人的岗位上指导大家的工作,必须关照大家的生活"。因为我感觉到责任重大,所以我对这个问题进行了认真的思考。

思考得到的结论是:"如果要求他人具备美好的心灵,首先自己必须具备美好的心灵,否则哪怕是具备美好心灵的人,也不会向我靠拢。"也就是说,自己是否具备值得同事和部下信任的心灵,这一点非常重要。如果经营者自己不能培育一颗足以让员工信赖的心灵,就无法顺利拓展事业。

判断基准是"作为人,何谓正确"

给予我教导的这位贵人出生于新潟县,从新潟高中考入京都大学，毕业于电气工学系，是我们一家关联公司的专务董事。同我一样，他也是搞技术的。但因为他出生在寺庙里，所以他给予我的许多教导都来自佛教思想。

在这位先生的谆谆教诲之下，连经营的"经"字也不认识的我，走上了作为经营者的人生道路。

对我来说，从经营公司开始，每一天都是挑战的连续。我的父母不是经营者，亲戚中也没有一位是经营者。我无法向其中任何一人请教经营的问题。

一般来说，首先要有一个求教的对象，问"这种情况应该怎么办"，一边请教、商谈，一边经营企业。但我除了刚刚提到的那位先生以外，没有其他可问的人，而且那位先生也很忙，无法经常和我见面。

因此，对于经营一窍不通的我，就不得不思考这样的问题："要经营好企业，究竟应该以什么为基准才对呢?"由于没有经验,所以我想到了小时候父母的教诲,还有小学、初中、高中时代老师们的教导,就是"作为人,本来应该是怎样的"。比如说,做了坏事,会受到父母和老师的斥责。就在这里,我学到了最朴实的做人的基准,也就是做人必须具备的最低限度的"为人之道"。除此之外,我没有别的基准。

从那以后,直到今天,我始终将此作为经营的根本。不管是紧急状态下的判断,还是技术上的判断,抑或是组织上的判断,基准都是"作为人,何谓正确"。我只依据这一点,对事情做出判断。换句话说,我确信必须将正确的事情用正确的方式贯彻到底。

虽然说这个判断基准很单纯,但我觉得,对我来说,这是一个非常好、非常管用的基准。

比如说,现在我们在银行约有150亿日元的存款，另外约有90亿日元的债券，随时可以变现的流动资产总计约240亿日元。所以，在之前物价飞涨的时候，我们也有充裕的资金。为此，很多大银行的分行行长都来找过我。

当时物价飞涨，地价也迅速上升，出现了投资土地的热潮。但我们将所有的剩余资金都存入了银行。

银行的分行长们看不过去了，他们对我说："贵公司是我们非常好的客户、难得的好客人，但您也太正直了，甚至可以说有点儿可怜。现在地价上涨，大家都通过银行融资购买土地。而贵公司却只是将资金存在我行，大概是你们不了解现在的潮流，所以才不购买土地吧。虽说我们很欢迎您将资金放在我行，但您把资金存在银行，靠利息赚不了多少钱。我们对此保持沉默，不向您提建议实在是不好意思。现在我们可以介绍好的地块给您，建议您一定要买。但我们也不希望您在我行的存款减少，所以您可以向我行融资。"

他们这一番话,让我想起父母从小的教导:"必须额头流汗,必须靠自己辛苦努力去赚钱。"我觉得不能通过投机、不牢靠的行为赚钱。所以,虽然感谢对方的好意,我还是婉言拒绝了。

此后,地价下跌,日本迎来了低增长时代。不仅是银行界,很多经济界的代表人物都来拜访我,夸赞说:"京瓷在地价上涨时不进行土地投资,因而保有了充裕的储备资金,实现了自有资本比例高达74%的无借款经营。这在这个低增长时代是非常了不起的。"他们还说:"你们做出这样的经营判断是因为预测到了地价的下跌,真的很有先见之明。"

但是,我并没有这样的先见之明。我只是听从了父母朴实的教导,不喜欢投机赚钱,讨厌不劳而获。我完全没有预见到地价下跌后的经济困局。

只靠方法和策略不能经营好企业

不管世间如何变化，经营的原则是不变的。经营者对于事业经营，必须持有明确而坚定的"哲学"。日本受到石油危机的冲击，由高增长期进入低增长期。传媒和经济评论家众口一词，即："在低增长时代，需要这样做，需要那样做。"这种论调一时很盛行。但是，我却不这么认为。

从经济现象来说，表面上看各种各样的事情都在以各种各样的形式发生变化。但是，我认为经营企业本身，却不能跟随形势的变化亦步亦趋、附和雷同。

如果仅仅依靠方法论，即依照管理学所教的那套东西经营企业，就会认为"经营不就是这么回事吗"，会把经营仅仅当作方法论和战略战术。周围的环境发生变化，就会随波逐流。但是，经营者不管面对什么样的变化，都应该以最根本的经营哲学为根基，不能轻易改变自己的经营理念。

我们的公司实现了自有资本比例高达74%的无借款经营，因此被称赞"在低增长时代，没有利息负担，很了不起"。很多地方把我们当作案例引用，很多人都说"应该像京瓷那样经营企业"。

但是，并不是说到了今天这个时代，我们的经营模式在一朝一夕之间就可以模仿成功。

我从1959年创办公司到现在，为偿还贷款拼命工作。我不希望一边拼命还债，一边又不断再去借款，所以我老老实实地将所得利润储存在银行。现在因为自有资本比例高的无贷款经营而受到赞赏，是当初我连做梦都没有想到的。归根到底，我只是抱有一种信念："经营企业本来就应该这样做。"

大概在创业两三年以后，当时我正在拼命工作，想尽快还上创业时的 1000 万日元借款。我刚刚提到的恩人对我说:"你虽然是一位很好的技术人员,但绝不是一位优秀的企业家。"

"您为什么这么说呢?"我问他。他说:"你考虑的仅仅是如何归还最初的 1000 万日元借款。而企业家应该考虑的是如何有效使用借款,不断扩大事业规模。像你这样一心只考虑尽快还清借款的人,无法成为经营大企业的杰出企业家。"

但是,不管怎样,借别人的钱总是让我心中不安。我还是踏实努力,偿还借款。

在此之后,当我向他汇报我们将在大阪证券交易所第二部上市时,他让我不要上市。我问他为什么,他说:"你走到今天这一步已经很辛苦了。上市的话股东就会增加,你不得不去满足股东的各种要求。这样的话就会更辛苦,还是不要上市的好。"

京瓷于1959年创业，这位先生经营的企业的规模，直到现在，与1959年相比也没有任何发展。虽然有点儿失礼，但由于关系很亲密，所以我半开玩笑地说道："您的企业这么多年一点儿都没有变大，我们的企业倒是已经成长到现在这个规模了。这和您当时说的好像很不一样啊。"

结果，他笑着说："我真是服了你了。我从来没见过能够不贷款而让企业发展壮大的，你是第一个。因为你，我才知道发展企业还有这样的方法。"

重要的不是在方法上讨论"什么是正确的经营"。"别人是这样经营的，所以我也想采用同样的方法去干。"仅仅看到表象，就去模仿别人的经营方法，这样无法经营好企业。我认为，持有值得自己相信的"哲学"，坚定地遵循这种哲学，必须在这一基础之上经营企业。

因日本和美国思维方式的不同而苦恼

举个例子来说，那是创业的第四年。虽然我们能制造电子工业领域最尖端的产品，但由于京瓷不属于任何财阀，也并不知名，所以无法从大型电子工业企业得到订单。

如果是任何企业都能生产的通用零件，则另当别论，但我们生产的是用于显像管电视机的电子枪和计算机心脏部位的重要零部件。为了获取订单，我们多次拜访客户，但都被告知"我们无法信任不知名企业生产的产品"，吃了很多次闭门羹。

"这样下去不行！"我抱着强烈的危机感，决心开拓美国市场。战后，日本电子工业界一直从美国引进技术。如果能直接让美国电子工业行业中最好的企业使用我们的产品，那么日本电子工业的大企业也一定会二话不说，使用我们的产品。于是，我用包袱布把产品包好，出发去了美国。

但是，连日本人都不把我们当回事，到了美国，自然也不会有人把我们当回事。我记得刚到美国时，虽然连英语也讲不好，但我还是拼命在美国各地奔波。每晚都是一边流泪，一边埋怨自己运气不好。当时，虽然设法筹集了相当于100万日元左右的美元经费，但日子一天天过去，产品却一个也卖不出去。加上生活习惯上也有很多不适应，日子过得很是辛苦。"这样空手而回，怎么对得起公司的伙伴"，咬着牙拼命努力，但最终还是卖不出去。

但是，想起公司伙伴，我觉得不能就此放弃。于是不屈不挠，坚持第二次、第三次前往美国，开展推销工作。

效果开始逐步显现，我们终于从美国工业巨头得州仪器公司取得了用于阿波罗计划的飞船的电子零件订单。我们是第一家拿到订单的日本企业。之后，丸红商事等企业纷纷提出要求："我们也希望代理京瓷的产品。"同时，其他日本企业也开始说："我们也想使用京瓷的产品。"

现在，我们在圣地亚哥拥有一家员工人数达900人的工厂。这家工厂起步于我们收购的一家小工厂。

日本企业在美国设立工厂，雇用几百名当地员工，这类成功的先例没见过。虽然很多日本企业到了美国，也从事生产活动，但都还没到达可称之为成功的阶段。美国人、欧洲人的思维方式和日本人完全不同，再加上语言的障碍，而且人生观和宗教观也大不相同，彼此的文化也有很大的差异，在这样的环境下经营企业非常困难。

我们的这家工厂原先是我们的客户之一——美国仙童半导体公司在圣地亚哥的一家下属工厂。由于经营处于亏损状态,对方希望我们收购。我带了5名技术人员赴美,让毕业于九州大学,出身于熊本县的一位员工当负责人,开始运营。

那是非常辛苦的过程。我在平日生活中和美国人长期相处,觉得他们都很豪爽,人也都很好,所以乐观地认为,和他们共事也会很顺利。但是,当一个不同人种的人成为企业所有者,作为总经理指挥美国人工作时,以前根本没想过的问题发生了。

举个极端的例子,与美国员工的交谈中,第二次世界大战(简称二战)的历史居然成了问题。因为是工作,就不能得过且过,必须认真地解决技术、生产和销售问题。当在某个问题上被我斥责时,一位身上还留着冲绳战役伤疤的员工吼道:"战胜国的白人居然被战败国的黄种人狠狠斥责,无法忍受,我不干了。"本来我想得很乐观,但工作问题演变成了人种问题,让我疲于应对。

另外,我把一位美国老朋友请进公司,让他当干部,将工厂的运营托付给他。最初,他对我多少还有点儿信赖和尊敬,一切看上去似乎也都不错。但没过多久,我们就在很多事情上产生了意见分歧。

每当我说点儿什么的时候,他几乎必定会说:"你的做法虽然在日本行得通,但日本和美国的风土、气候、文化、教育等所有方面都不一样,所以应该以美国方式经营。像你一样强制推行日本的那套做法,在美国是行不通的。"像这样,关于日本式管理还是美国式管理,我们的意见出现了对立。

不仅如此,在美国,因为盛行个人主义,所以员工对公司的忠诚度不高。虽说并不是所有人都认为"只要自己好就行,公司好不好无所谓",但凝聚人心还是异常困难,因此工作非常艰难。而且,每个月都亏损,赤字不断积累。"这个月就关门吧,还是做到下个月再说呢?"我犹豫不决,烦恼不已。

另外,与员工一起赴美的员工家人,由于在当地是少数派,常受欺凌。员工带着家人一起赴任,孩子和妻子都不会讲英语,当地又没有日本人学校,连孩子上学、妻子外出购物这样的事情都让人头痛。

一方面自己的家人生活艰辛,另一方面自己经营的企业又每个月都是赤字。"社长把经营托付给我们,我们却让企业背负庞大的赤字,对不起社长啊。"他们满心忧愁。会议结束后大家一起吃晚饭的时候,他们一边流泪一边跟我诉说心中的苦恼。

开完会,一起进入工厂,我给他们布置完工作将要返回日本时,心中纠结的他们眼中还是饱含泪水,让我觉得自己不应该就这样飞回日本。我甚至想:"与其让员工这样痛苦煎熬,还不如干脆放弃这个工厂算了。"

在美国也能实践"以心为本"的经营

从这以后,我尝试过按照美国员工所说的方法去做,行不通后再采用日本的方法,不断试错。结果是,我决定在美国也贯彻与日本京瓷一样的基准,按照小时候在鹿儿岛乡下从父母那里学到的,以"作为人,何谓正确"为基准来经营企业。

尽管人种不同,语言不同,文化背景也不同,但美国人同样也是人。因此,只要以"作为人,何谓正确"来经营就可以了,我总算清楚地意识到了这一点。"既然在日本成功了,在美国也一定能成功",我坚信这一点。此后,即便美国的干部员工主张用所谓美国式的手法,我也坚决拒绝。"并没有所谓的日本方法或美国方法,不管在哪个国家,经营企业的方法只有一个,请你们按照我说的做。"我坚持自己的信念,据此展开经营。

有一次，我来到车间的生产现场，想给现场的女员工帮忙。这时工厂长过来对我说："那儿有社长办公室，您不在那儿办公让我们很尴尬。像您这样穿着工作装下车间，和女员工一起干活的话，社长就掉价了。在美国，谁都不会尊敬这种没有权威的人，请您回到社长室。"

但我对他说："没关系，如果这样做会失去权威的话，那就失去好了。"我坚持留在现场和女员工一起工作。

还有，在工厂食堂吃午饭时，菜单上有比萨，非常便宜。一个5美元，就够5个人吃。我买了三四个，请和我在现场一起工作的女员工过来一起吃。

逐渐地，女员工们开始期待和我一起吃午饭，午饭时谁坐在我旁边甚至会成为话题。另外，她们说"社长一个人在美国很可怜，我们给他做盒饭"，女员工们为我带来了盒饭。直到今天，我来到工厂时，她们还为我做类似的事。她们对我们公司的干部也是一样。

美国的干部们看到这种景象非常惊讶，他们说："从来没有看到过这种情况，为什么你能够构筑如此融洽的人际关系呢？"

还有，大概4年前，公司还没有盈利的时候，我说："员工们一直很努力，给他们发奖金吧。"这一提议遭到了美国干部们的一致反对。

他们说："社长把这里想成跟日本一样，以为发了奖金，员工就会更喜欢公司，更愿意留在公司，但是美国人不是这样的。只要旁边的公司开出的工资稍高，他们就会毫不犹豫地辞职。与其做这种徒劳无益的事，还不如把奖金都发给我们干部。"

我说："我倒是更不愿意给你们发奖金呢。"我与员工约定,即使公司仍然是赤字,但年终还是会多发一个月工资作为奖金。如果业绩上升,奖金还会增加。员工们最初都很惊讶,议论纷纷。"无法相信,不会是骗人的吧?真的给我们发?为什么发?真是搞不懂。"但我相信"虽然他们现在不理解我为什么这么做,但今后一定会理解的"。我坚持奖金照发。

其结果是,"被别的人种驱使利用",这种纠结完全消失了。

另外,去年年初起,美国最大工会的上级组织宣传说:"圣地亚哥有一家日本经营的公司,那里的员工正在遭受日本经营者的剥削,应该建立工会,要求改善待遇。"他们连日来到工厂,静坐示威,散发传单,煽动建立工会。

但是,结果只有两三人响应他们的宣传,试图加入，大部分员工都没有响应。现在，这样的事情已经没有了。

经历了这些事情以后，美国工厂进入了非常顺利的发展阶段。现在的销售额是100亿日元，利润达到了24亿日元，成了一家非常优秀的工厂。我认为，其原因只有一个。也就是说，我不是依靠方法论经营企业，而是抓住了本质，将经营判断的基准放在了"人"本身上，以"作为人，何谓正确"作为判断和行动的基准。

福泽谕吉所倡导的领导人应有的资质

我是技术人员出身，没有技术当然无法经营。此外，要把生意做活，也需要方法论。但是在此之前，作为率领全员的经营者，必须具备作为领导人应有的优秀人格，我认为这是最为重要的。

赌在技术开发上

福泽谕吉在日本进入近代产业社会之前,就描述过"企业家应有的理想形象"。我非常喜欢他的论述,经常引用。他是这样说的:

> "思想深远如哲学家,心术高尚如元禄武士,加上小俗吏的才干,再加上土百姓的身体,方能成为实业界的大人物。"

要在实业界成为成功的优秀实业家,这个人的思想必须像哲学家一样深远,这个人的品性必须像元禄武士一样正直诚实。

另一方面,除了上述光鲜的一面之外,这个人也必须有小俗吏那样的才能。小俗吏经常收受贿赂,这是不好的。但实业界是一个雁过拔毛的商业世界,要在这样的世界里生存,必须像小俗吏一样头脑灵活、随机应变。当然,这样的才能也可能被用来做坏事。如果缺乏驾驭这种才能的高尚人格和优秀思想，仅仅依赖小俗吏的才能，实业家就会堕落，危害社会。

另外，没有土百姓的强健的身体，当然也不能成为实业界的大人物。

在日本经济黎明期的明治时代，福泽谕吉所说的这些话让我十分感动，铭刻于心。我由衷信服，并一直实践至今。

我们拥有梦想，充满浪漫

我们从事研究和技术开发，首先要决定研究开发的方向，即"要进行这样的研究和技术开发"，然后开始具体的行动。在这个时候，我就会想："应该怎样做，今后才能商业化？"我想大家都会考虑和我一样的事情。

赌在技术开发上

经常有人问我:"不知道应该开展什么样的事业才会前景美好,您有什么建议吗?"我认为,在这个世上,兴办事业的点子和创意要多少有多少。但是,要让创意成型、成功,关键在于"当事人对于自己的人生和事业,究竟能够描绘出怎样的梦想"。

我们生产制造用于电子工业的新产品,但其基础是陶瓷的烧制技术。在大学的化学专业里,成绩最差的人才会去烧制陶瓷的企业。烧制品这个领域被认为既没有魅力,又没有发展前途。

但是,就是在这样的世界里,我追求自己描绘的梦想。举例来说,我认为"应该有人工制造蓝宝石的方法",并不断探索这个方法。

由于前段时间的经济不景气,我们公司的工作量也减半了。员工们非常担心,我对他们说:"市场总是有起有伏,虽然现在我们处于很艰难的状态,但我绝不会像其他公司一样解雇员工。虽然每天都只有半天的工作量，但反过来说，这不是好事吗？现在有了空闲的时间，这正是我们培育梦想的机会。我们身上潜藏着各种各样的可能性，希望大家一起来思考。在这个不景气的时候，我们身上发生的绝不仅仅只有坏事。我们拥有梦想，充满浪漫，让我们点燃希望，将梦想一个一个地实现。

任何一项工作，都不会像看起来那么简单轻松。在困难中，经营者必须能够给予员工梦想和浪漫。

坚信一定成功，拼命努力奋进

我们在人工再结晶宝石以外，还开展了医疗用陶瓷等新事业。在开发这些新产品的时候，我们决不半途而废。哪怕要花 5 年、10 年时间，我们也绝不放弃，愚直地追求成功。一旦相信能够成功，就全力追求、坚忍不拔,直到成功为止。

想要开展新事业,尝试了一下,遇到困难就撒手了,这样的人很多。如果能更深入地挖掘下去,或许就能成就了不起的事业。但不肯付出燃烧的热情,"顺利的话就做下去,不顺利就放弃",抱着这种心态的人很多。而我们的态度正好相反,一开始就愚直地相信必定成功,一味拼命,努力获取成功。

我们这种做法看上去好像很危险,但其实这才是走向成功的重要原因之一。不久前,我参加了今年的窑业协会年度总会。200~300名研究陶瓷的大学教授汇聚一堂,我做了专题讲演,给我的题目是"赌在技术开发上"㊀。我和美国来的学者们分别进行了讲演。

在讲演中我谈到,大公司拥有设备齐全的研究

㊀ 收录于本书。——编者注

所，拥有许多专业人才进行多项研究，但是在10~20个课题中，只要有1~2个获得成功就算不错了。我们没有这样的余裕，一旦选定了研究课题，我们就一定要让它成功。

听我这么讲，大家都说："这种事情不可能，研究要100%取得成功是不现实的。哪怕是大公司，哪怕他们有那么多的研发人员，10个课题中也只能成功1~2个。偏偏京瓷就能做到100%成功吗？那是不可能的。"

但是，"在10个或20个研究课题里面，只要有1~2个成功就行了"，正因为经营者这么思考，才导致了那样的结果。

而我们想的是"无论如何非成功不可"，所以我们才获得了持续的成功。

持有渗透到潜意识的强烈愿望

我前面讲了在美国开拓市场的事。刚到美国时，我英语不太会讲，甚至连西式厕所的使用方法都不知道。

我有个朋友在东京的公司工作，他住在松户的"公团住宅"里，有冲水式的西式厕所。我赴美之前，特地打电话给他："不好意思，明天我要出发去美国，今天能否住在你那里，学习一下怎么使用西式厕所？"我在他那里学会了使用方法。

讲粗话很抱歉，但是即使到了今天，我一坐上西式马桶，就会条件反射，脱口说出："又该去美国了。"我每年赴美6~7次，到现在总共去了多少次已经记不清了。去美国，光是坐飞机就够累了，我实在是不想去。尽管如此，当坐上马桶时，我还是会不由自主脱口说出："必须去美国。"

这大概是因为我的愿望非常强烈："为了公司将来的发展，无论如何也要在美国取得事业的成功。""即使拿我的命去换，也一定要成功。"当愿望提升到如此高度时，愿望就会渗透到人的潜意识。

我们人的行动，分为在意识支配下的行动和无意识的行动两种。在意识支配下的行动，思考事业的时间有限，只在想到"必须要让事业成功"时，才进行思考。而另一方面，如果渗透到潜意识，即使在睡觉的时候也会考虑事业。不是淡淡地想"这个事业要是成功的话最好"，而是"即使拿性命交换，也必须成功"，只有这种程度的强烈愿望才能渗透到潜意识。

这样的话，不管睡觉还是醒着，都在考虑事业，所以事业就一定会成功。而且，如果愿望达到这种高度，不限于研究和技术开发，其他事业也会获得成功。

对待自己的工作既不自豪也不感谢,缺乏激情,"如果顺利的话,还能继续成长"。只持有这种程度愿望的人,干什么都不可能成功。做任何事情都会碰到困难,在明知有困难的情况下,依然不屈不挠、全神贯注、全力以赴,那么任何事情都能成功。

自己的才能要用于为社会效力

我来自鹿儿岛的乡下,非常幸运地在事业上取得了成功。我曾经思考过这样的问题:"包含美国的工厂在内,京瓷现在约有4000名员工,还有相当数量的股东。我当上了京瓷公司的社长,这件事到底有没有必然性?"

我认为,稻盛和夫这个人成为京瓷公司的社长没有必然性。下面的话可能不太好听:这个世界是由脑子好的人和脑子不太好的人以一定的比例构成的。全是头脑聪明的人或者都是头脑愚笨的人,这个世界就无法成立。神灵以一定的比例创造出这两种人,才构成了这个社会。

经营京瓷这个企业,并不是非我不可,换成其他人也行。也就是说,神灵随机制造出了具备经营才能的人,而其中之一碰巧是我,如此而已。

我这么说的证据就是,我的父母都不是头脑聪明的事业家。相反,资质优异的父母未必能培养出出类拔萃的孩子。这样的人以一定的数量存在于世,不过是神灵的造化而已。不存在非我不可的必要性,只要有能够代替我的人,谁都可以干,不存在任何必然性一定要让我这个人来当社长。我就是这么思考的。

这样思考以后,接下来我思考的问题是:"我今后应该怎么做才对?"既然我只是偶然地被赐予了经营企业的才能,成了京瓷的社长,那么我就不可以将这种才能用来谋取个人的私利。

这个世界要正常运行，就需要有才能的人来充当集团的领导人。我不过是偶然成了其中的一员而已。所以，"我是大公司的社长，我是了不起的伟人，我成为富豪乃是理所当然的"，这种傲慢的态度乃是大忌。

本来就没有非我不可的必要，但既然神灵命令我"你去当集团的领导人"，那么我就必须将才能用于为社会效力，必须用自己的才能为员工、股东和周围的人造福。我认为，不能有才能是私有物的错觉，不能将才能只是用来为自己谋幸福。

如果说这个世界上必定有一部分人会成为领导人，这是因为神灵认为领导人的存在是必要的，并赐予他们才能。所以，领导人应该将这种才能用于为社会效力，而不是用于满足自己个人的欲望。

将全部生命、全部人格注入企业

最后,我还有一个想法,说起来可能难以理解。我身上有两种人格,一种是作为京瓷社长的我,另一种是作为稻盛个人的我。换言之,它们就是一个代表京瓷的"公"我和一个代表我个人的"私"我。

同时,公司就像一个生命体,每天都要决定各种各样的事情。也就是说,公司是活的,但是将生命和人格注入公司的,只有社长,这是我必须承担的职责。

京瓷公司关系着众多员工的生活,是一个非常重要的组织。但是,公司是一个"无生物",它本身没有活力。只在作为领导人的我将自己的全部生命和人格注入其中的时间段,它才是活的。当社长回到个人时,公司的呼吸和心跳就会停止,这时它就不是一个活着的生物。

因为担心公司失去生命，我就不能回到作为个人的自己。24小时连续不断地向京瓷公司这个"无生物"注入生命，是我义不容辞的责任。这么想的话，我就没有了返回我个人的时间。哪怕是牺牲家庭，牺牲其他所有的一切，我也不得不将我的生命和人格注入公司。

做不到这一点，不能将自己的整个生命注入公司的人，搞不好经营。这样的人只会给员工、股东等所有利益相关者带来损害。企业领导人敷衍塞责、马虎经营，相关的人都将陷入不幸。

因为我有这种担心，所以我全身心投入经营。一年365天，其中一半以上我在美国和欧洲等地出差奔波。即使待在日本，也有一半时间回不了家，我与家人会面的机会不多。

但是，让我欣喜的是，3个女儿理解我的工作，对父亲不在家并无怨言。借在家的极为短暂的时间与妻子、女儿谈话时，我偶尔会谈及我拼命工作的情况。对我全身心投入公司而无法顾家，她们完全理解。

只有极其短暂的时间能够回到个人，从这个角度看，或许有人认为我的人生并不幸福。但是，就我自己而言，因为家人理解我、体谅我，我并不觉得有什么不幸。相反，担着社长的身份，却不能给人应有的关照，那会幸福吗？

时间已经到了。从今以后，我还将一如既往，抱着刚离开家乡时的那种纯朴、纯粹的心情，不骄不躁，继续努力。出生在比熊本县还要贫困的邻县鹿儿岛，青少年时代一直待在乡下，像我这样的人尚且可以做出这么一番事业。诸位如果觉得："就稻盛这种水平的人还能干这样的事业，那我就应该比他干得更加出色。"如果你们能这么想，那么我今天来的意义就大了。

讲了一些水平很差的话,非常抱歉。我的讲话到此结束,谢谢大家。

要 点

虽然人心易变,人心难测,但是一旦心心相连,又没有任何东西能像人心一样可靠,在任何逆境中都牢不可破。我想以这种可靠的、牢不可破的人心作为基础,经营我们的事业。

○

要求他人具备美好的心灵,首先自己必须具备美好的心灵,否则哪怕是具备美好心灵的人,也不会向我靠拢。自己是否具备值得同事和部下信任的心灵,这一点非常重要。如果经营者自己不能培育一颗足以让员工信赖的心灵,就无法顺利拓展事业。

○

不管是紧急状态下的判断,还是技术上的判断,抑或是组织上的判断,基准都是"作为人,何谓正确",将正确的事情用正确的方式贯彻到底。

○

不管世间如何变化,经营的原则是不变的。经营者对于事业经营,必须持有明确而坚定的"哲学"。

○

从经济现象来说,表面上看各种各样的事情都在以各种各样的形式发生变化。但是,我认为经营企业本身,却不能跟随形势的变化亦步亦趋、附和雷同。经营者不管面对什么样的变化,都应该以最为根本的经营哲学为根基,不能轻易改变自己的经营理念。

○

重要的不是在方法上讨论"什么是正确的经营"。只从表面上看世间流行的经营方法,一味模仿,无法经营好企业。持有值得自己相信的"哲学",坚定地遵循这种哲学,必须在这一基础之上经营企业。

○

尽管人种不同,语言不同,文化背景也不同,但外国人同样也是人。因此,在外国也一样,只要以"作为人,何谓正确"来经营就可以了。

○

要在实业界成为成功的优秀实业家,这个人的思想必须像哲学家一样深远,这个人的品性必须像元禄武士一样正直诚实。

○

同时,这个人也必须有收受贿赂的小俗吏那样的才能。在一个雁过拔毛的商业世界里生存,不能只有光鲜的一面,也需要像小俗吏一样头脑灵活、随机应变。不过,为了防止这种才能被用来做坏事,这个人必须具备驾驭这种才能的高尚人格和优秀思想。

○

另外,没有土百姓的强健的身体,当然也不能成为实业界的大人物。

○

在这个世上,兴办事业的点子和创意要多少有多少。但是,要让创意成型、成功,关键在于"当事人对于自己的人生和事业,究竟能够描绘出怎样的梦想"。

○

市场总是有起有伏,即使在不景气中,发生的也绝不仅仅只有坏事。我们拥有梦想，充满浪漫，让我们点燃希望，将梦想一个一个地实现。

○

任何一项工作，都不会像看起来那么简单轻松。在困难中，经营者必须能够给予员工梦想和浪漫。

○

开展新事业，遇到困难就撒手了的人很多。如果能更深入地挖掘下去，或许就能成就了不起的事业。"顺利的话就做下去，不顺利就放弃"，不能抱这种心态。愚直地相信必定成功，一味拼命，努力奋进，这才是重要的。

○

我们人的行动，分为在意识支配下的行动和无意识的行动两种。在意识支配下的行动，思考事业的时间有限，只在想到"必须要让事业成功"时，才进行思考。而另一方面，如果渗透到潜意识，即使在睡觉的时候也会考虑事业。

○

"即使拿性命交换，也要取得成功"，只有这种程度的强烈愿望才能渗透到潜意识。而且不管睡觉还是醒着，都在考虑事业，所以事业就一定会成功。而且，如果愿望达到这种高度，不限于研究和技术开发，其他事业也会获得成功。

○

对待自己的工作既不自豪也不感谢，缺乏激情，"如果顺利的话，还能继续成长"。只持有这种程度愿望的人，干什么都不可能成功。做任何事情都会碰到困难，在明知有困难的情况下，依然不屈不挠、全神贯注、全力以赴，那么任何事情都能成功。

○

经营京瓷这个企业,并不是非稻盛不可,换成其他人也行。创造这个世界的神灵随机制造出具备经营才能的人,而其中之一碰巧是稻盛,如此而已。

○

成为经营者,如果是因为创造了世界的神灵命令我"你去当集团的领导人",那么我就必须将才能用于为社会效力,必须用自己的才能为员工、股东和周围的人造福。

○

如果说这个世界上必定有一部分人会成为领导人,这是因为神灵认为领导人的存在是必要的,并赋予他们才能。所以,领导人应该将这种才能用于为社会效力,而不是用于满足自己个人的欲望。

○

公司就像一个生命体,每天都要决定各种各样的事情。也就是说,公司像生物一样是活的,但是将生命和人格注入公司,却只是作为领导人的社长才能发挥的作用。当社长回到个人时,公司这个组织的生命就会停止。

赌在技术开发上

在窑业协会第 50 届全体大会上的讲演
——1976 年 5 月 19 日

这是稻盛在大阪中央电器俱乐部召开的窑业协会总会上的讲演。此协会是以陶瓷产业以及科学技术发展为目的，在 1891 年设立的公益社团法人，出版发行行业杂志《精密陶瓷》。

本讲演也刊载于其后发行的《精密陶瓷》杂志上。

技术开发的理念

我是京都陶瓷株式会社的稻盛。

我并不具备在诸位面前讲演的资格。我在1959年与7位同伴一起创建了公司。当时我们并没有什么值得夸耀的技术,也没有什么畅销的产品。因此,除了做别人不能做的新产品之外,没有其他生路。自创业以来直到今天,这17年就这样一路走来。我想跟大家讲一讲在此过程中形成的我的思维方式,希望能够给大家做参考。

技术开发对于日本来说是必不可缺的,我想这一点大家都知道。在之前的石油冲击中,日本经济暴露出危机,让人痛感日本资源贫乏的惨状。有过这样的体验,大概全日本的国民,包括在座的各位都会同意,1.1亿日本国民的将来除了赌在技术开发上之外,没有别的出路。

在二战后日本的复兴中,工业得到了长足的发展。但这样的繁荣,是建立在从发达国家引进技术的基础之上的。日本经济复兴到了今天这种地步,今后将会被发达国家视为竞争对手,技术引进就会变得困难。考虑到日本所处的国际环境,如果一直这样依赖外国技术,日本国民的未来会有很大的隐忧。这一点大家应该也有同感。

在座的诸位想必都是优秀的技术人员,我就不讲技术开发的具体内容了。我经常思考,脱离现有的知识和技术,为了今后开发崭新的卓越的技术,需要什么条件?今天我就想讲讲这个话题。

技术开发的成果是如何产生的呢?观察产生成果的要素,"知识"和"学问"当然是很重要的,推进技术开发的"能力"也很重要。另外,当事人所持有的"思维方式"更是一个很重要的因素。同时,我认为技术开发的成果,不是上述三要素的简单相加之和,而是其相乘之积。

大家往往会认为,有学问或者有很多技术上的"知识",有非常强能力的人,就能开发出很好的技术,实际上并不是这样。有很好的学问上的"知识",头脑聪明、"能力"高强,这两项的乘积就会非常大。但是,推进技术开发时,当事人所持的"思维方式"如果是负数的话,三要素相乘的结果就会是负数。所以,无论怎么努力,也无法得到理想的成果。

上述观点是很久前,我在努力工作中通过认真思考得出的结论。在这三要素中,今天我想围绕在技术开发中所需要的"思维方式"这个话题,谈一谈自己的想法。这是我同自己的员工经常讲述的观点。

首先动机非常重要

首先最重要的是,要回答"为什么自己必须从事技术开发工作"这一问题。简单来说，就是动机非常重要。

自1959年创立公司以来，我们每天都忙于技术研发。最初的动机是，无论如何也要让聚集到企业来的员工们有饭可吃，这是一个十分紧迫的问题。当时我们一直抱有这样的危机感，这种危机感就是技术开发的动机。这个动机刺激、激励着我们。"到底能不能活下去？"处在生死存亡的危险中，这就成了我们必须进行技术开发的强大动机。

但是到了今天，我时常反省，我们需要更高层次的动机。说到技术开发的目的，有人希望借此取得博士学位，有人希望让事业成功，赚更多的钱。如果技术开发的动机来源于追求个人的利益或者兴趣，那么在取得博士学位以前或许会拼命努力，但是在获得博士学位以后，学习就会懈怠。或者事业取得某种程度的成功，不愁吃穿时，技术开发的速度就会迅速下降。

所以,技术开发的动机最好不要来源于个人原因,需要追求更高层次的动机。如果在动机中能够找到当事人的人生意义,那就太好了。对于这一点,我非常重视,并不断地向员工们诉说。

仔细想一想,我来自乡间大学,因为偶然的机遇,开始了现在这项事业。到了今天,我觉得自己能够从事精密陶瓷材料的研发非常幸运,这项工作令人神往。我认为,在所有我们生活中使用的材料中,如果说有一种材料今后还会有巨大的发展空间的话,那就只有陶瓷材料了。能够从事这种拥有巨大可能性的材料的研发工作,真是太好了。

陶瓷材料领域以后还会不断产生新技术。现在已经开发出了氮化物和碳化物等之前没有过的拥有优异性能的新材料,这类材料今后会在众多新领域得到广泛应用。我们可以期待，将目前我们生活中使用的陶瓷材料和新型陶瓷材料相结合，会有巨大的发展前景。所以，我最近一直在感慨，能参与这样的新技术开发事业，对我而言是极其有意义且幸运的一件事。

陶瓷材料蕴含着巨大的可能性，能够从事这样的研究非常幸福、令人激动，每天都能描绘浪漫的梦想。这让我们的动机从当初的混口饭吃，发展到刚刚提到的更高层次的动机。可以说，我每天都在考虑陶瓷材料今后的新应用，想着想着就兴奋起来。哪怕什么也不做，光想象美好前景，就足以让人心旷神怡。

有志于从事技术开发的人，必须对自己的开发课题抱有自豪感。只要喜欢，即使深夜也会怀抱热情，努力工作。如果抱有厌烦情绪，就不可能有任何成果。所谓"有情人千里来相会"，首先要迷恋上自己的工作，这一点对于推进技术开发非常重要。

最需要的是"自燃型"人才

其次重要的是,确定技术开发的课题后,不要有"课题中的这个点非常困难"这样负面的想法。在决定研究课题的阶段,我们会有各种各样负面的想法,也确实要对这些负面的部分进行充分的研究探讨。但一旦确定了研究课题,进入开发的阶段,就必须抛弃所有负面的想法。

京瓷正在挑战依照现有条件无法想象,艰难且具有巨大意义的技术研发工作。只有相信人的可能性可以通过努力得到无限扩展这一点,才可能达成目标。在决定研究课题时,我们当中也有持有负面想法的负责人。"社长,您虽然这么说,但还是有这样那样的问题,这个课题太难了。""因为有这个问题,所以这个课题不可能成功。"我经常会听到诸如此类的论调。这时我会对他们说:"不要有这样负面的想法,让我们一起来考虑,怎样做才可能成功。"

只要是一个课题,哪怕是一个连技术开发都称不上的小课题也行,趁年轻时,让他们全力以赴地投入,逐步增加其自信,然后让其负责更大的课题。我就是这么做的。我觉得不仅仅大的技术开发是这样,看上去很琐碎的日常工作的改良、改善和创意也是一样的。

从事技术开发的人,往往会被认为是冷静的、理性的。但是,观察我们公司从事技术开发的伙伴,很多是容易莫名其妙感动的人。理性的、冷静的人,往往无法燃烧自己。技术开发是辛苦工作的连续,只有对于小小的进展能够激动欣喜的人,才能从事这样的工作。我认为,老是需要别人关注自己,得不到认可就无法自我燃烧的人,是不适合从事技术研发工作的。

我在公司内部一直说,我最需要的是"自燃型"的人,其次是可以被点燃的"可燃型"的人,最不想要的就是无法被点燃的"不燃型"的人。无论为他们提供多么好的课题,无论怎么为他们描绘这个课题的重要性和未来的梦想,他们都不能被打动,不能点燃自己的热情的话,不管脑子多好使,都不能信赖他们。我喜欢让一般被认为不适合技术开发的容易感动的人从事技术开发。当然,并不是这样简单地让他们从事研发,我在之后会要求他们具备推进研发所需要的知识、缜密性和慎重性。

严格地要求自己

还有,对于不能严格地要求自己的人,技术开发的成功是靠不住的。单独一个人搞研发,容易变得自以为是,总觉得自己的研发工作做得很好。因此,一旦工作结果不尽如人意,就容易给自己找借口开脱。

要做到严格地要求自己,就必须有一颗纯粹的心。仅仅凭借大学里学到的知识,是无法得到优秀的研发成果的。如果没有基于圆满人格的思维方式,就不可能取得卓越的研究成果。

同时,技术开发还必须具备主动向艰难问题挑战的积极性。每个人都有自己的弱点,遭遇困难时,想逃避的心态就会作祟。当成果不尽如人意的时候,就会寻找退路,列举理由来安慰自己。所以,只有顽强勇气和谦虚态度兼备的人,才能从事技术开发工作。

不懈努力达至伟大成功

再次重复,我们愚直地相信技术开发工作具有无限的可能性。一旦确定技术开发的课题,就心无旁骛、持续努力。迄今为止,我们进行了很多项目的研发,其中就有持续 8 年才成功的项目。技术开发不是一朝一夕的事情，要持续怀抱"不懈努力达至伟大成功"的强烈信念。即使需要花上数年的漫长时间，也要忍受孤独，坚持研发。一边相信无限的可能性，一边坚持脚踏实地、持续努力，坚信这么做，一定可以取得优异的成果。今后，我也将以此为信念，继续从事研发工作。

到现在为止的17年间，我们没有取得成功的研发课题只有2~3个。我们像猎人一样，怀抱一旦瞄准猎物，就一定要逮住的执着信念从事研发工作。这种执着的信念是技术开发所必需的。不可急功近利，要持续脚踏实地地努力，美好的结果一定会降临，我们坚信这一点。

此外，技术发展到今天这样的高水平后，仅仅依靠简单的经验和知识，根本无法进行新的技术开发。所以，大家常常会想："有没有什么好的创意？"

但是我认为,仅仅是茫然地思考,出不来创造性的灵感。有一类人会经常性地产生好的创意,这种人每当直面问题时,都会不断地苦思冥想,思考再思考。碰到问题烦恼痛苦,这个问题就会渗透到潜意识。在某个瞬间,即使是在考虑其他事情,潜意识里也会冒出这个问题。只有怀抱渗透到潜意识的强烈愿望,全身心投入研发课题,才有可能产生创造性的灵感。

彻夜工作很疲惫,在院子里休息发呆时,百思不得其解的问题因为突然的灵感闪现而找到了突破口,并最终得以解决,这样的事例很多。我将这种瞬间称为"神的启示"。苦思冥想实在是太苦了,神灵看不过去,赐予启示。我认为,只有如此程度的努力、如此程度的念念不忘,才会产生创造性的灵感。

前年、去年的经济萧条都是前所未有的。"日本经济会不会沉没?"在人们忧心忡忡的状况下,像我这样的小企业经营者，一想到员工们的生活，就睡不好觉。现有的产品必须想方设法多卖一点儿，还要不断开发新产品。在这种状态下，自己能做什么，只有殚精竭虑，全力探索各种可能性。随着苦思冥想的结果迸发出来的，就是创造性的灵感。这种灵感最终转化成独一无二的产品。

本来，工作量太大会让人心力交瘁，这时候就需要心灵的余裕。极度繁忙又要有心灵的余裕，虽然困难，但是必需的。当工作进入成败胶着的状态时，心中拥有还是没有余裕，结果会产生极大的差别。不肯全力以赴投入工作，事情当然不会顺畅。但是，工作越是投入，身体和大脑越会疲惫不堪。这时候，结束工作回家，脑海中突然浮现新的灵感，这种现象有时会发生。本来不会产生的灵感突然产生了，这是因为小小的环境变化让自己的心灵有了放松的机会。

我没有特别的兴趣爱好，就是喜欢打弹珠。即使工作到筋疲力竭，到了周日也要打弹珠，打到大拇指上长出了老茧。在打弹珠心情放松的瞬间，我就会感觉到一周积累的疲劳全都烟消云散了。就这样，心情得到转换，第二天又有了新的活力，头脑又变得柔软灵活，可以更有效地发挥作用。这样的情绪调节是必要的。

自己的能力要用将来时看待

还有一点，对于我们这种企业非常重要的是技术开发的时间节点。有些技术的完成时间如果晚了几个月或者一年，就会变得一文不值。确定开发的时间节点非常困难，这一点我想大学和研究所也一样。对于企业而言，在极端的情况下，这甚至会决定企业的生死。

所以，我们在确定开发课题时，一定会同时确定完成日期。我们设定的研发目标，几乎一定是远远超过我们当时的能力的。因此，如刚才提到的，一定有人认为"根本不可能达成"。而那些容易莫名其妙感动的人，不会提任何具体的解决方案，只是说让我们动手干吧。在这样的状态下展开研发工作，是非常危险的。由于选择了远在自己能力之上的研发目标，在什么时候达成就成了决定成败的关键。错失了时机，研发工作就会变得毫无价值，所以一开始就必须定死研发的交期。

领导这种研发的负责人所需要的是预测能力，就是预测在未来的某一时间点到来前，能否将自己和团队的能力提高到与研究课题相应的高度。谁都可以按照现有的能力来判断研发能否成功。但问题不在这里，而是有意选择现在无论怎么努力也无法完成的课题，下定决心在未来某个时间点完成它。也就是说，技术开发的领导人必须能够构思好方案，提升自己和团队的能力,从而在将来的某个时间点完成研发任务。

我们要求开发人员用"将来进行时"来看待自己的能力。我们努力培养能够这么去做的人才。虽然我用了很难懂的语言来表达,但这是从我迄今为止的经验中产生的感觉。也就是说,实现现在可以做到的事情,那是理所当然的。但是,目前没技术、做不到的事情,想方设法一定要做到。这时候就需要上述的思维方式。

回顾过去,1959年公司刚刚成立时,我到处拜访客户,却迟迟拿不到订单。没有订单,公司就会倒闭。可能也是因为年轻吧,拜访客户时我会冲劲十足地说:"如果您有陶瓷行业其他公司目前没法做的东西,就交给我们吧。"如果我说把现有产品交给我们做,客户不会理睬。客户没必要把这种产品下单给不知名的企业,交给现有供应商更安全,也更便宜。所以，行业内老资格企业不能做的、拒绝的订单，我断言"我们能做"，把它接下来。

这么一说，客户就会说"那好吧，请做做试试吧"，于是给我们下单。但是，这种订单都是精度高达2%~3%毫米，在当时来说形状非常复杂的东西。而且，那时我连成本计算都不懂，答复客户的价格很低，交期也很短。但是，既然已经答应客户，承诺必须兑现，不能失信。所以，我和伙伴们每天拼命努力到深夜。这样的事情连续发生。

争取订单的时候，把做不到的事说成可以做到的，似乎撒了谎。但是我对员工们说："只要能按时交货，就不算骗人。"即便如此，还是有人说："这不是耍花招吗？"我对他们说："如果不能按时交货的话，的确如此。但如果能够说到做到的话，'假话也是方便'，可以得到谅解。"我用这些话，获得了员工们的理解。

靠"假话"拿到订单，结果按时交货。"像这样的话，就没有我们做不到的事"，为了信心十足地说出这句话，我们拼命努力。在持续这种努力的过程中，我认识到，哪怕是自己现有能力做不到的事情，将来的某个时间点能力提升后也可以做到。只要事先能够看清楚这一点，就能让事情获得成功。这一观点在后来的技术开发过程中起了非常重要的作用。

做出不亚于任何人的卓越的技术开发

我们在选择技术开发课题时，可以说全部都是以市场需求为导向的。以我为首，所有的相关人员都走进市场，切身去感受市场的需求。市场究竟需要什么，身临其境，直接去体会。这种做法虽然原始，却是最可靠的方法。但是现在，我们倒过来想："包括制造技术在内，综合利用自己各方面的卓越技术，能够创造出什么样的市场？"

例如,在我们的陶瓷材料中,氧化物当然是主要的,但也有氮化物和碳化物等非氧化物,还有和金属或是有机材料形成的复合材料等无数的种类。成型方法有挤压、干压、等静压、注射、带式、热压等,还有很多其他的方法。另外,加工技术也分为真空烧结、保护气体烧结、烧制品的精密研削、抛光、磨光以及用于和金属气密黏结的镀膜等很多种类。将这些材料和技术中的两种、三种或四种随机组合,就有可能产生非常多的新产品。我认为仅仅是这样简单的组合,就能产生出很多的可能性。

还有与此不同的另外一个话题,在决定开发课题的时候,我认为应该在自己现有技术的延长线上考虑。不"下飞子"(围棋术语),必须选择最能体现自身已有技术特点的开发课题。一旦"下了飞子",就是离自己的特长太远,中间联系被切断,这个棋子就死掉了。所以,必须在自有技术的延长线上进行选择，而且选择最能发挥自身优势的课题。没有必要都去挑选困难的开发课题。

自17年前我们从一个小工厂开始创业以来，在自己接单、自己制造的过程中，"一旦确定了目标，就绝对要做成"。在这方面的热情，我自信绝不亚于任何人。自己思考成型的方法，将粉体成型，制成精密陶瓷产品，在这个领域，我认为自己不亚于任何人。到了这个地步，我认识到，仅仅是将粉体均匀成型这一项技术，如果不断钻研，也能够在更大的范围内推广应用。

技术人员在将自己的技术应用于新的领域时，需要考虑这项技术是低水平的，还是国际通用的高水准的。当然，技术人员必须努力让这个技术达到国际通用的高水准。

刚刚讲到，有缘从事新陶瓷材料的开发，我感到非常幸福。原材料企业站在幕后，是默默无闻的，光鲜的成果被面向消费者的最终产品公司拿走。但是，作为原材料企业，我们有自己特殊的喜悦。首先，陶瓷材料蕴含着种种美好的梦想，有幸开发这样的材料真是太好了。同时，在开发多种新材料的过程中，我们积累了材料方面的丰富知识，并且有机会将它付诸实践。

听说从事最终产品制造的企业，有的正在进行垂直整合，就是说从材料到最终产品的制造，都要在自己的企业内部完成。但我觉得，我们原材料企业也同样能做到。因为是原材料企业，当然可以单独开发各种各样的材料。同时，将企业内部已有的各种材料和技术相互组合，就可能创造出只有原材料企业才能制作的独特最终产品。

我甚至认为，最有可能进行卓有成效的垂直整合的，是最不起眼的原材料企业。原材料企业以物品制作中最基本的材料技术为基础，应该可以一步一步向上进行垂直整合。在提出新的开发课题时，就可以把这种可能性考虑进去。

我认为，考虑到日本今后的发展，必须改变一直以来依赖技术引进的思维方式。作为新型陶瓷材料的开发者，为了日本国民，为了世界科学技术的进步，今后也要一如既往，不断开发崭新的、独特的技术。

想到这里，我不免感叹，日本人为什么在设定开发目标这一问题上显得如此差劲呢？日本人在开发目标确定以后，达成目标的能力非常之强。对于设定开发目标本身，日本人的水平却不高。我想可能有很多原因，如和欧美人相比，"发想"不同，语言表达能力不同，日常思维方式不同等。今后在推进新技术开发的同时，要追根究底，弄明白究竟为什么要进行这样的开发，必须在目标设定上付出更大的努力。

今后我们将在研究开发的道路上继续迈进，但要进行他人无法完成的卓越的技术开发。这需要借用大家的智慧，得到大家的协助。我的讲话到此结束，谢谢大家的倾听。

要　点

技术开发的成果是如何产生的呢？首先"知识"很重要，"能力"很重要。另外，当事人所持有的"思维方式"也很重要。技术开发的成果，不是上述三要素的简单相加之和，而是其相乘之积。

○

一般认为，"知识"丰富、"能力"非常强的人，就能开发出很好的技术，实际上并不是这样。有很好的学问上的"知识"，头脑聪明、"能力"高强，这两项的乘积就会非常大。但是，推进技术开发时，当事人所持的"思维方式"如果是负数的话,三要素相乘的结果就会是负数。所以,无论怎么努力,也无法得到理想的成果。

○

最重要的是从事技术开发的动机。如果技术开发的动机来源于追求个人的利益或者兴趣,那么目的达到以后,技术开发的速度就会迅速下降。因此,技术开发的动机最好不要来源于个人原因,有必要追求更高层次的动机。如果在动机中能够找到当事人的人生意义,那就太好了。

○

有志于从事技术开发的人,必须对自己的开发课题抱有自豪感。只要喜欢,即使深夜也会怀抱热情,努力工作。所谓"有情人千里来相会",首先要迷恋上自己的工作,这一点对于推进技术开发非常重要。

赌在技术开发上

○

其次重要的是，确定技术开发的课题后，不要有"课题中的这个点非常困难"这样负面的想法。在决定研究课题的阶段，确实要对这些负面的部分进行充分的研究探讨。但一旦确定了研究课题，进入开发的阶段，就必须抛弃所有负面的想法。

○

对于不能严格地要求自己的人，技术开发的成功是靠不住的。单独一个人搞研发，容易变得自以为是，总觉得自己的研发工作做得很好。因此，一旦工作结果不尽如人意，就容易给自己找借口开脱。要做到严格地要求自己，就必须有一颗纯粹的心。如果缺乏基于圆满人格的思维方式，就不可能取得卓越的研究成果。

○

技术开发不是一朝一夕的事情，要持续怀抱"不懈努力达至伟大成功"的强烈信念。即使需要花上数年的漫长时间,也要忍受孤独,坚持研发。一边相信无限的可能性,一边坚持脚踏实地、持续努力,坚信这么做,一定可以取得优异的成果。

○

像猎人一样,怀抱一旦瞄准猎物,就一定要逮住的执着信念,是技术开发所必需的。持续脚踏实地地努力,美好的结果一定会降临,

○

仅仅是茫然地思考,出不来创造性的灵感,直面问题时必须不断地苦思冥想。在烦恼痛苦中,问题就会渗透到当事人的潜意识。在某个瞬间,即使是在考虑其他事情,潜意识里也会冒出这个问题。只有怀抱渗透到潜意识的强烈愿望,全身心投入研发课题,才有可能产生创造性的灵感。

赌在技术开发上

○

在大脑和肉体都疲惫不堪时,必须拥有心灵的余裕。当工作进入成败胶着的状态时,心中拥有还是没有余裕,结果会产生极大的差别。结束工作回家,有时脑海中会突然浮现新的灵感,小小的环境变化让本来不会产生的灵感突然浮现出来。

○

对于企业非常重要的是技术开发的时间节点。有些技术的完成时间如果晚了几个月或者一年,就会变得一文不值。确定开发的时间节点非常困难,大学和研究所也一样。对于企业而言,这甚至会决定企业的生死。

技术开发的领导人所需要的是预测能力,就是预测在未来的某一时间点到来前,能否将自己和团队的能力提高到与研究课题相应的高度。谁都可以按照现有的能力来判断研发能否成功。但问题不在这里,而是有意选择现在无论怎么努力也无法完成的课题,下定决心在未来某个时间点完成它。也就是说，技术开发的领导人必须能够构思好方案，提升自己和团队的能力，从而在将来的某个时间点完成研发任务。

○

在决定开发课题的时候，应该在自己现有技术的延长线上考虑。决不要"下飞子"，必须选择最能体现自身已有技术特点的开发课题。一旦"下了飞子"，就是离自己的特长太远，中间联系被切断，这个棋子就死掉了。所以，必须在自有技术的延长线上进行选择，而且选择最能发挥自身优势的课题。

○

在将自己的技术应用于新的领域时，技术人员需要考虑这项技术是低水平的，还是国际通用的高水准的。当然，技术人员必须努力让这个技术达到国际通用的高水准。

将研究开发引向成功的思维方式和手法

在管理中心的讲演
——1977 年 2 月 17 日

　　稻盛在讲演中提到了京瓷在自身技术的延长线上选择研究开发的课题,并说明了这样做的利弊。然后,他讲述了研究开发想要取得成功所需的环境以及研发领导人所需具备的资质。

在自身技术的延长线上确定研究开发的课题

今天讲演的题目是"将研究开发引向成功的思维方式和手法",我们有一个模式,就是在自身技术的延长线上确定研究开发的课题。

公司建立后的10年间,我一直拼命拜访客户,努力探寻我们所开发的陶瓷产品的市场需求。当时的角色有点儿类似于客户、技术人员的需求承办人。客户说:"如果有这样的东西,就能派这个用处。"我们就努力去研发,制造出能满足客户相应需求的产品。

现在,作为需求承办人的角色告一段落。我们在18年里开发出了各种陶瓷材料,包括金属氧化物、氮化硅、碳化硅等在内约50种,进一步细分的话可能达到100种。大家都知道,制造这些陶瓷材料需要先调配混合粉体,这时就要用到干燥机、混合搅拌机等很多设备。另外，粉体成型的方法也有很多，有挤出成型的方法、将干燥的粉末干压成型的方法，有类似于生产塑料时所用的注射成型的方法，还有一般被称为橡胶模压的"黄金静压"成型以及省略烧制工序的热压成型等方法。

用于烧制这些成型品的炉子有常用的燃气炉和电炉等。电炉还分为真空电炉和充满各种气体，不断改变其中气体配比进行烧制的电炉。在对烧制好的陶瓷产品进行精密加工的阶段，像氧化铝陶瓷这样硬度很高的材料，需要特殊的二次加工技术。

现在，我们从自己开发的约 100 种陶瓷材料，以及我们在开发这些材料时所积累的独特技术中，挑选最擅长的材料或技术，抑或两者的组合，在我们已有的独特材料和技术的延长线上选择研究开发的课题。

这种做法和现有的选择课题的一般做法正好是相反的。但是，我们并不是无视市场。我们采用的是传统的做法，即借助自己拥有的优异的材料和技术，来发现和找出市场。

另一方面，因为我们的研究开发主要面向电子工业界，"现在电子工业界的市场上没有这种产品，但如果有这样的新东西，对客户会非常有利"，我们不断如此向客户提出建议。我们今后也会继续采用这种方针，用这样的方法掌握市场需求，进行产品的研究开发。这就是所谓"以市场为导向"的研发课题的选择方法。在这种方法的基础之上，如果说还有哪种特点的话，我们选择的是在已有技术的延长线上考虑研发课题。

采用这种方法，是因为技术研发的方向在已有技术的延长线上，具体的研发工作就相对比较简单。但另一方面，将研发出的产品推向市场时，即所谓的

将研究开发引向成功的思维方式和手法

"市场创造"阶段,会遇到非常多的困难。我们是在理解这一点的前提下,采用了现在的方法。在已有技术的延长线上开发技术和产品,然后创造市场,这和进行全新的技术研发,创造全新的产品相比,两者各有利弊。我们是在仔细探讨利弊得失之后,才选择了上述的方法。

技术研发"不下飞子"㊀

我说一下我们采用技术导向的研发方法的理由。我们观察了从事技术研发的前辈们的企业,有些企业并不是在自有技术的延长线上开发产品,用围棋的语言就是所谓的"下飞子"。这样开发的新产品也有恰好符合当时的市场需求,取得成功的。但是产品的生命周期很短,无法适应外部环境的变化,后续产品的

㊀ 即不做与本行业相离太远的事。——译者注

开发进行不下去。偶然遇到优秀的技术人员,利用这个人的技术开发出了新产品。由于后期开发跟不上,即使一时取得了很大的成功,但从5年、10年的周期来看,招致很大失败的案例不在少数。

另一方面,不管发生怎样的变化,如果在自己所擅长的技术的延长线上,就可以考虑多种应用方法。即便失败,也能立即转换方向。我不下围棋,但在经营中"下飞子"是非常可怕的事。我们坚持开发与现有技术相关联的产品。虽然看上去速度很慢,但这种做法扎实可靠。

如果将类似于"飞子"的产品推向市场,并且稍稍取得了成功,很多企业就会继续投入大量的资金和劳力。但是这个产品如果无法跟上时代的变化,由于已经投入了大量的资金和劳力,就会背负巨大的损失。所以,我们在产品研发上"不下飞子"。

因为我的性格属于小心谨慎这一类，所以采用的是和现在的主流完全相反的开发手法，我想大家会有很多反对意见。但这源于我自身的性格，也是没办法的事。

必要的是技术的"强度"

我用这种方法时，最重视的是所选用技术的"强度"。对于我们来说，就是使用自己开发的材料，使用自己的制造技术，在其延长线上产生的技术的"强度"，这是我经常和研发负责人讨论的话题。

用柔道做比喻的话，即如果自己擅长背摔，那么就不要多去练习其他技巧，而要不断地集中练习背摔。问题是，这个技术的"强度"是仅仅适用于地方比赛，还是适用于全国比赛，甚至适用于世界大赛。

像只会三板斧一样，因为只使用背摔，对手也会了解我方的手段，肯定会思考防范背摔的方法。但是，如果背摔技术练到了炉火纯青的地步，那么即使在双膝着地的情况下也能使用。对于我们来说，只有一条路，就是将态势扭转至可以使用我们擅长的技术的状态。我们没有经验，没有资本，也没有很多员工。所以，只有将自己擅长的技术磨炼至世界通用的高水准，用"一技定胜负"的方针选择研发课题。

因为确定了这样的方针，我们往往脱离市场需求，仅仅依仗自己所擅长的技术选择开发课题，这个倾向非常强烈。在这一点上，我们经历了许多的辛劳。我有种感觉，我们似乎越来越脱离市场需求，像从前偏执的老技术员一样，只凭自己的技术爱好选择开发课题。

千辛万苦创造市场

有这样一个典型的例子，我们现在生产最多的是以氧化铝为主体的氧化铝陶瓷。即用氧化铝的粉末作为原料，生产陶瓷薄片。

这需要使用有机溶剂和有机黏合剂将陶瓷原料做成薄片，用轧辊卷起，就变成了类似于大家平时嚼的口香糖的形状。将其用切片机像切纸一样切成一定的宽度，再用冲压机压成各种各样的形状。

由于是未经烧制的陶瓷薄片，所以可塑性很强。将由钼和钨等金属粉末做成的膏状物，即所谓的耐高温金属，自动印刷在这样的陶瓷薄片上。在被称为绿片的陶瓷薄片上印出各种形状，就制成了电子回路的导体，再将同样的陶瓷薄片重叠。陶瓷薄片上开有很多小孔，电流通过这些小孔在重叠薄片（积层）的电路上流动。

重叠的薄片最多可以达到18～20层，将其放入充满特殊气体的电炉中，以1700～1800摄氏度的高温进行烧制，就制成了内含电流回路的陶瓷单片板。

到了这个阶段，已经看不出积层了，因为经过烧制，薄片都已经一体化了。我们开发了这种内含电流回路的高纯度氧化铝陶瓷产品，并将其推向市场。其在电子工业领域被广泛使用，占到我们现在销售额的一大半。

还有一种方法，即不用积层，而是用氧化铝粉末制成的膏状物。将其涂覆在电路之上，通电时会有非常低的电阻。在量产时，我突然想到，"可能可以将其改造成电阻加热器"，于是着手试制。因为使用的是钨的粉末，虽然经过烧制，但粒子间的结合还是比较弱，所以通电时电阻很高，温度也急速上升。但到一定程度时，温度就不再升高。我们改变电阻和厚度等参数，并逐步意识到，应该能够制作出可以调整最高温度，升温迅速且可以平稳保持温度的加热器。"这个一定好卖"，于是我指示研发团队进行开发。

刚刚我讲过，我们从事的是技术导向型的研发。

将研究开发引向成功的思维方式和手法

我一直在想:"开发出来以后,可以用在什么地方呢?"结果,我想到了这样的宣传语:"虽然里面是很容易被氧化的金属钨,但由于外面涂了一层耐腐蚀、密封性很高的陶瓷材料,即使升温,也很难被氧化,寿命很长。"我一边思考可以用在什么地方,一边让市场部门的负责人到处拜访客户,但是一直没有客户要用这个东西。

这时候我想:"是不是可以用在电烙铁上,电烙铁上有电加热器,可能很适合。"于是我们找到了电烙铁的生产商,但是温度过高、温度变化太大会产生裂纹等问题,让我们很头疼。直到最近,我们的这种加热器用于某个汽车的零部件,我们的技术才被世人所知晓。

选择开发课题,只需要在我们已有技术的延长线上思考,这个相对简单。但做成最终产品后,"创造市场"却花了3~4年。从我现在提到的这个浅显的例子中可以看到，市场创造需要的时间和产品研发的时间差不了多少。

没有市场，就自己创造

大家应该都知道，主要由金属氧化物等构成的矿物结晶，是我们研究陶瓷的基础材料。最近，绿宝石资源逐渐枯竭，即使品相很差的宝石也能卖出高价。看到这样的情况，我就想用我们的技术，制造出人工绿宝石。制造单结晶宝石的技术，已知的就有 5 种，将其中最有效的 3 种同时使用，就能制造出品质非常好的绿宝石。市场上天然绿宝石的品质越来越差，价格却涨得很高。我希望能够通过我们的技术做出绿宝石，让更多的人喜欢、满足，并从 7 年前着手研究。

但是，宝石的结晶总是不成长，即使成长，里面也有很多杂质，成不了真正的宝石。我们试了很多办法，都不理想，很多次都想，"还是放弃这种个人兴趣爱好般的研究吧"。但是，"难得我们有结晶技术，这样放弃太可惜了，再尝试一下看看吧"。于是我改变要放弃的想法，继续研究。

去年，我们终于成功制成了非常美丽的绿宝石。虽然目前几个月才能做一两颗，但最大能做到3克拉。可是，当我们兴冲冲地一家家拜访珠宝店时，宝石却根本没有人要。他们对我们说："如果是染上颜色的玻璃仿造品，还有人喜欢。你们自作主张，做出了和真品一样的东西，这个行业会被你们搞乱的。"我们的初衷是"制造低价宝石，让人满意、喜欢"，但市场却干脆拒绝。

我是作为技术人员创办了企业，迄今为止，投入研发时并没有"这么干，一定能成"的确信。这18年来，每天每日、不分昼夜地投入研发，至于是否成功，并没有确凿的把握。我既负责技术研发，又努力创造市场。我并不是根据市场需求来进行研发，而是只考虑自己擅长的技术。这样忽视市场的结果是，研发出来的产品经常卖不出去。于是我想："市场创造和技术研发应该是一样的。我们既然可以创造技术，应该也可以创造市场。没有市场的话，我们自己创造市场不就行了吗？"

所以我想，既然珠宝市场只分天然宝石和仿制宝石两大类别，那么在此之外，我们再来创造一个人工宝石或合成宝石类别。其实，人工合成的红宝石和蓝宝石之前就有，但是这样的产品价格接近假货，导致市场价格崩溃。我努力思考："为了让市场认可这种和天然宝石成分完全相同的人工宝石，到底要确立什么样的战略呢？"我们现在正在用和技术研发完全相同的方法来尝试市场开发。

和技术研发一样，市场创造也是向新事物的挑战。在创造新事物这一点上，两者的性质完全相同。

但是，由于我们现在以技术导向来选择研发课题，所以做得很辛苦。

但是，我不认为我们现在的做法是错的，今后仍打算坚持这一做法。一般来说，如果市场开发能力很弱的话，我觉得99%的企业会放弃这种做法。就像我们进入人造绿宝石的领域，我们在技术导向型研发上花费了七八年，也花了很多钱，但结果是非常干脆地被市场拒绝了，无法形成商业买卖。但我们仍不放弃，至今仍在拼命创造市场。

刚刚我也说过，我认为技术开发和市场开拓是完全一样的。有一个这样的先例，就是从事养殖珍珠事业的御木本幸吉先生。当时应该是天然珍珠的全盛时代，养殖珍珠被世人所知花了很长的时间，也遭遇过很多的障碍。但是我认为，正因为御木本先生不屈不挠，坚信"一定能成功"，养殖珍珠才被世人所知。所以，研究开发也好，市场创造也好，如果不能进入到某种"狂"的状态，我认为都无法取得成功。

从材料、技术、零部件三者的组合上探索可能性

我们现在正在从事材料研发，今后也会继续开发。由于我们的业务从材料到零部件，涉及的范围较广，经常会有客户或外部人士问："京瓷迟早会生产最终产品吧？"但是，我们目前并不打算这么做。我们仍将利用已有的技术，继续从事材料研发，希望能够研发出更丰富的材料品种。

而且，我们想将我们研发的材料和零部件，以及在制造零部件过程中获取的独特技术进行组合。今年，我们打算召集负责确定研发课题的员工，在公司内部成立类似于制订作战计划的参谋本部的部门。这个部门将会负责探讨诸如"将我们已有的技术和这个

材料相结合，有可能制造出什么样的东西呢"，"将这个材料和这个零件以及那个技术相结合，会产生怎样的可能性"之类的问题，在我们已有技术的延长线上探讨这些问题。

现在，我们正在开发一种非常特殊的材料。我认为使用这种材料，可以制造出只有我们的材料厂家才有的新产品。"把材料、技术及零部件加以组合，会产生怎样的可能性？""这种可能性比较容易被哪个市场接受？"我们一边思考这样的问题，一边选择研发课题。

这是我们的公司选择研发课题的主要方式。当然，我们也会根据市场的需求研发产品。相对于在自身技术的延长线上思考的研发课题，市场提出的课题更多。我们也想更多地根据市场需求来研发，但这样一来，就要在经营上"下飞子"。任何一个"飞子"只要被孤立，其他棋子就有全军覆没的危险。不过最近，日本企业间技术人员的流动比以前有所增加。如果公司内部没有合适的人才，也可以根据市场需求来招聘新的人才，从事这种"下飞子"的研发。

制造为客户创造高附加值的产品

我想说说另一个话题。我想各位很多都在大企业工作，参与大的项目。我们虽然只做很小的项目，但一直以来，都力图开发高附加价值的产品。现在由于石油危机的影响，"节省资源"这个词被广泛采用。我们的企业规模很小，使用的资金也少。从这个意义上说，制造节省资源的产品是我们不得不做的，这是一种必然。从公司成立的那一刻起，这就已经成了我们的宿命。现在我们也在继续制造节省资源的产品。让尽可能少的材料产生尽可能高的价值，是我们选择研发课题时最大的目标。

关于这个附加价值,我们有自己独特的解释,并不是一般的技术人员所考虑的那样。一般来说,制造方常常会认为自己的产品有很高的价值,但是产品到底有多高的价值,是由购买方决定的。所以,只有我们研发的产品被客户采用,而且客户用了以后非常满意,也就是说,只有因为客户使用而提高了产品价值,我们才说这个产品有了附加价值。

用尽可能少的材料制造出高价值的产品,当然是最理想的,但是高价值并不是说让顾客勉强购买。而是要制造这样的产品,不仅让顾客觉得价格很合理,而且顾客将其用于自己的成品制造,卖出后可以获得高收益。我们选择研发课题时,在内部特别注意探讨这个问题。

新开发的产品中一定要有所谓的"黑盒子",即不为人知的绝活。我认为,不能制造用大家普遍知晓的技术组合出的,没有任何新意的产品。即使用到已有技术，我们也会另外组合不为人知的其他技术。这样做就会有相乘的效果，可以制造出具有全新特征的产品。

我们制造的产品，必定含有特殊的技术。对于这样的产品，无法从外观上看出窍门。这和手艺人是一样的："无论如何做不出那个味儿，到底是怎么做到的？"如果没有这样类似于"黑盒子"的绝活的话，我认为产品开发就没有价值。如果没有绝活，产品制造出来的瞬间，就会被其他公司模仿，附加价值马上就降低了。

受到石油危机的影响，日本进入了低成长时代，形势发生了很大的变化。在这种情况下，我在公司里对大家说："现在不正是我们的时代吗？"这18年来，我们每天没日没夜地开发产品。我们不是采取大量生产单一产品，并将销售额最大化的方法来发展企业的。我们始终在探索研发课题，将研发出的产品不断推向市场。到了今天这样的低成长时代，新产品开发能力的有无，将会使企业与企业之间产生巨大的差距。我觉得，我们迄今为止所做的努力，到了现在，终于将迎来大放异彩的时刻。特别是对于技术团队来说，一个充满梦想和希望的时代正在到来。我激励他们说："我们的技术研发孕育着美好的未来，充满了浪漫，让我们团结一心、共同努力。"

相对于研发课题，项目领导人更为缺乏

公司发展到现在，年销售额已经超过 400 亿日元了。因为这个事情，我觉得很头痛。以前，只要进行小规模的研发，就能促进公司发展。但当年销售额增长到 400 亿日元以上时，仅从事小规模的研发课题，就很难给公司业绩带来大的增长了。

以前开发的产品，生命周期在缩短，其中还有已

经消亡的产品。要用新产品补上这部分损失，甚至继续增加销售额，就需要加快新产品的开发速度。以前可以带来1000万～2000万日元月销售额的项目如果开发成功，会让我们欢欣雀跃。但到了今天，这样规模的项目只能说是杯水车薪，我为此苦苦思索。但是，以我们的智力水平，并不足以接下让其他公司吃惊的大项目，而且资金上也有很大问题。

结果只能想到小的研发课题，研发项目也大不了。月产1000万～2000万日元的项目，即使有10个，月产也就是1亿～2亿日元。而月产1000万～2000万日元的项目和月产10亿日元的项目在研发时所付出的努力，实际上是一样的。

但是，公司内部能够从事大型研发项目的人才不多。研发这个事情，不是脑子好就能做的。如果说某个项目需要10个有特殊才能的人，在公司内部是不太可能凑齐的。

所以,现实是,我们只能进行小规模的项目开发。当然,我们也努力寻找大项目,但很难找到合适的课题,往往陷入两难。寻找不存在的东西没有意义,所以我们现在同时确定10~20个小规模的研发课题进行研发。

研发不仅仅是研究所的事,我们在各个事业部中都设置了技术研发部门,在经费允许的范围内进行研发。我们的体制是,研究所仅进行最基础的材料研发,而将应用研究交给各事业部的技术研发部门。

这就是我现在的心境。到去年为止,电子工业界,特别是零部件行业,发展情况非常好。由于彩电和对讲机等商品的销售很好,庞大的需求几乎已经让人忘记了石油危机后的严重萧条。但是去年9月左右,需求就已见顶,进入今年,也没有上升,或者说已经出现了缓慢的下降。这里面,电子工业相关的新产品被不断开发出来，原来卖得好的老产品也逐渐卖不动了，我们被产品研发追着走。但是，刚刚我也说了，选择的研发课题都是小课题。而且，推动这样众多的研发项目所需要的项目领导人不足，这让我非常苦恼。

虽然因为负责研发课题的人才不足而苦恼，但算上小项目，我们在研发课题的选择上从来没有苦恼过。我经常听到别人问"应该进行什么样的研发呢""有没有什么好的课题呢"之类的问题，但我们自己从来没有在研发课题的选择上费心劳神。这可能是因为我们所处的位置比较好，我们处于最基础的材料研发领域，所以研发的产品可以有很多的应用。从这个意义上说，我认为研发课题有无限多。但是，这也可能是因为我们的研发没有充分考虑到市场因素。研发课题的规模，能够领导大规模研发课题的人才不足，是我们目前主要苦恼的问题。

研发领导人所需要的人格

我有另一个很苦恼的事,就是开展研发时所需要的人员组合。我思考"那个人应该适合这个研究",于是将其任命为项目领导人。这个时候,我觉得相对于技术能力,项目领导人的人格更能决定研发项目的成败。

研发领导人要有高超的技术和出众的能力,对研发具备旺盛的热情,对自己的研发过程能够冷静地观察,严格地审视,而且有的时候要严肃追究自己在研究中的责任。我觉得如果不是这样的人,就无法期待其研发有好的结果。因为在研发过程中,容易对自己的项目产生执着心,这样就容易将自己的研发过程正当化,放松对自己的要求,很难有优异的研发成果。

销售人员不兼任新产品的销售负责人

我认为,在将研发成果交付给制造部门时有难题存在,而且在将制造出的产品推向市场时,也有同等难度的困难存在。

我们的情况是,让研发负责人接着进入制造环节,进而进入销售环节。我们不让既有产品的销售负责人兼任新产品的销售。不管新产品的销售额多低,即使月销售额只有50万日元,我们也配置专属的销售负责人。"不卖出去就没有饭吃",我们让其在充分认识到自己所处的物理条件的基础上开展销售。

将接连开发出来的新产品交给原有的销售团队销售,卖不好是常有的事情。由于既有产品卖得好,销售负责人拜访客户时,对新产品仅仅是轻描淡写,客户有需求就卖,没有拼了命也要卖出去的决心。为了

将研究开发引向成功的思维方式和手法

避免这样的情况,即使财务上不怎么划算,我们也将新产品的销售和制造都与原来的部门相切割。

创业时连我在内总共8人,发展到今天的规模,这个过程就是风险创业。所以,现在我们在自己的企业内部,也让员工进行风险创业。

前面我说过,各个事业部在经费允许的范围内进行研发。但当遇到大项目时,我们从各事业部中抽调人员,组成项目团队。从这一刻起,我们重新命名这个项目,并将其设置为一个新的事业部。这时既有原先的董事成为新事业部部长的,也有原先只是系长或班长的人,因为立项成为新事业部部长。我们将开展某一研发的整个单元称为事业部,让它像一个单独的公司一样,自己拥有销售部门,并给予其很大的自由裁量权。

将自己置于饥渴状态

虽然我们在企业内部让员工进行风险创业,但也面临问题。因为总部负责所有的资金,事业部不需要担心资金的事。

创业时,我们的资本金是300万日元,外部借款是1000万日元,总计1300万日元,处于捉襟见肘的状态。企业内部的风险创业不会遇到这种情况,研究开发需要新机器,马上就可以买。从这一点来说,这和独立的创业企业是不一样的,我觉得这是一个很大的问题。

研发工作无论如何都必须取得成功,为此,领导人的意志、愿望、热情是非常重要的。要将成功概率进一步提高,当然也需要物质条件。研发的过程中会遇到许多障碍,遇到障碍时,当然可以借助他人的智慧,听取他人的意见。但我认为归根到底,跨越障碍所需要的是领导人的热情和能量。

以下的解释可能不科学,我认为,就像物理学中的能量定律一样,领导人及其团队对于研发课题所倾注的热情和能量的总量,必须和障碍的总量一样多才行。也就是说,如果不倾注超凡的能量和热情,是无法跨越障碍的。

我的经验是,当投入一个研发课题时,会遇到四五次严重的障碍,以致认为"再也没法克服了",精神和肉体消耗殆尽。所以,当然要让对研发持有加倍热情的人成为项目领导人,但进一步激发其热情的条件在于外部环境。

比如,当遇到资金问题时,自己拿不到工资,也无法给部下发工资。将自己置于这种极端的情况,人就会迸发出非同寻常的能量,进入某种"狂"的状态。我觉得,很多障碍必须用这种状态下产生的能量才能跨越。

想要有这样的条件，不是独立的创业企业，就无法做到。在公司内部，因为并非出于本人意愿，而仅仅出于偶然，就确定了研发课题及领导人，所以对于员工的工资和奖金，我也不拉开差距。如果根据业绩来评判的话，虽然有一部分人会很高兴，但大部分人都会感到失望，职场的士气就会低落。所以，即使在研发上取得很多成果，最终评价也不会有很大的差距。因为这个原因，我觉得公司内部创业有很大的局限性。

我希望找到能够改变物理条件，将自己置于饥渴状态的人。即使做不到这一点，也要将自己提升到"狂"的状态，并将由此迸发出的能量与热情用于拓展研发事业，但这样的人几乎找不到。所以，对于公司内部的风险创业，我们现在也很困惑。

京都的本地企业应该相互提供技术

由于工作上的往来,在和两三家京都中型企业人士的谈话中,对方建议我说:"你们可以做这样的东西试试。"

根据市场需求判断,觉得"制造这样的产品应该卖得出去",但制造这种产品所需要的多种技术中,自己公司往往只拥有一种,其他技术没有。大家可能都意识到了,我们京都的产业基盘是很小的,顶多只能说形成了中型企业集群。而且其中有很多企业都在进行重复性研究,我觉得这样很浪费。是否可以成立类似于京都技术协调中心的机构?各企业将自己所拥有的技术在中心登记,让其具有类似于图书馆的功能。如有企业想要开发某种产品,但没有所需的特定技术,就可以像在图书馆那样,在此中心检索其他企业的技术索引。如果找到适合自己的技术,就和对方公司交涉。如果双方是同行的话可能会有一些小问题，但也可在支付专利费的基础上得到所需技术。

某些技术在某个专业领域可能是很平常的，并不特别难，但在其他专业领域可能相反，会被认为非常困难，这样的技术非常多。如果能以合理的价格相互提供技术的话，各家企业的研究开发工作应该可以更顺利地进行吧。

这样的话，就会更加认可技术和经验诀窍的价值。一般来说，企业都是相互之间盗用技术。如果不这么做，而是成立一个相互提供技术的中心，其中有能够联系各个企业的协调人员存在的话，迄今为止很困难的研发课题，就可能很快地大幅推进。这是我的想法，所以我做出了上述提案。

在流通行业，也是一个道理。我们从事再结晶绿宝石的制造，其中就有流通的问题。我们之前没有从事过最终产品的生产,因此没有建立流通网络的人才。在经历了多次碰壁后,到了现在,我们才在东京的银座和京都的四条建立了直营店。最早我们不知道要在哪里发展代理店,在全国各地来回奔走,花了很多钱,但没有什么效果。

其他公司有很多在流通领域拥有丰富经验的专家,如果能够教我们"利用这个销售网络,代理协议应该这么签"这类的事情的话,我觉得也可以按销售额的百分比支付给他们一定的费用。

就是这样,不局限于科技的领域,而是将包含流通、设计、时尚等内容的广义的技术进行交流,这样的话,研究开发应该可以更顺利地开展。

日本中小企业的数量非常多。如果大家都同时进行重复性研究开发和技术开发的话,从国家的角度讲,也是很大的浪费,所以我提出了上述方案。

将研发课题设置在稍高的难度

在选择研发课题的时候，我们几乎一定会选择对现有技术来说稍显困难的课题。作为负责人的我这样选，负责研发的董事这样选，我们的部下也这样选。

不管怎么样，选择研发课题时，由于在研发过程中自己的能力会不断升级，所以必须能够以将来进行时评价自己的能力。

"现在，自己和部下只具备这种程度的研发能力，但是下半年，应该会进行这种难度的研究。这期间如果再有别的专家加入的话，团队的力量应该有这种程度的提升，到明年夏天，可以具备如此程度的实力。"我们应该这样来考虑问题。也就是说，要在包括自己在内的团队的成长和后来新加入成员的成长的基础上，思考将来某一时点所能具备的研发能力。这种能力在现在和将来都不断提高。无法正确判断团队在将来某一时点所具备的能力,就无法成为研发领导人。

一贯以来,我们公司不断挑战,按照自己技术能力的将来进行时,从客户那里获得意向性订单,进而展开研发。现在正在开展的项目,就有利用了我们四五年前从美国导入的连续提取单结晶蓝宝石的技术的项目。利用这种技术,无论是管状或三角形等各种形状的蓝宝石,都可以自己决定轴的方向自由提取。我们希望将单结晶蓝宝石用于工业领域,正在做很多应用性的试验。

其中,在单结晶蓝宝石表面进行所谓的外延生长,蓝宝石表面就会形成一层非常薄的硅膜,称之为SOS(silicon of sapphire)。我们知道,将其应用于半导体元器件,与之前的硅晶片相比非常省电,可以制造出闪存等高速读写的产品。这虽然不是什么全新的技术，但我们正在据此研发制造新元器件所需的SOS这一新的应用。

最近，日本业界有用很低的成本制造传真机的动向。电电会社也正试图将10万日元以下的传真机普及到一般家庭。但现在面临一个问题，就是必须将打印头以很低的价格制造出来。面对这样的需求，我认为将SOS作为技术基础，应该可以将打印头以很低的成本进行量产。

打印头上有很小的一部分是加热器，将其加热后进行印字。我们认为，用和我前面讲到的陶瓷积层技术相同的概念，在SOS中应该可以把二极管和电阻，可能的话甚至是驱动部分一体化。我们现在正在试做。

我们对1~2家客户讲了这个事情，对方马上说："我们现在正需要这样的产品，请一定试做，什么时候可以做好？"技术明明还不成熟，但我回答说："到今年6月底为止，打算做3个左右的样品。"就这样，当客户提出要求时，我们经常会给出这样的答复。

这个时候，就像我刚刚讲过的，用将来进行时评价自己团队的研发能力很重要。如果不能正确进行这样的评价，比如说过于慎重，对客户说"6月到底能否完成，要做了才知道"，那么就拿不到订单。但如果很轻率地说"可以做到"，到了6月，在客户需要我们的试作品进行传真机的试生产时，我们却完不成，就会给客户带来很大的麻烦。

所以我觉得，正确地用将来进行时评价自己的研发能力是很重要的。而且这种评价方法同样适用于领导人和研发人员之间。领导人问研发人员："什么时候能出成果？"我觉得研发人员不能因为担心"如果说出的话做不到，领导人对我的评价就不好了"，而过于慎重，将时间往后拖延。如果缺乏领导人要求的挑战精神，缺乏冒险心的话，是不会得到领导人的好评的。

用将来进行时评价自己的研发能力，反过来说，就是用自己对上司、领导人或者客户的承诺，让自己没有退路。创造一个对自己不利的环境，让自己退无可退。人这种东西，总是想避难就易。我觉得，营造出一个将自己逼入绝境的外部环境是必要的。

从事研发所需要的"企业家精神"

我觉得，人们常说的所谓企业家精神，对于从事研究开发的人来说，也是非常必要的。以打工者、工薪族的心态从事研发的人，无法获得出色的研发成果。或者说，正因为是从事研发工作的人，才需要充满企业家精神。

比如说，"为什么从事这样的研究开发？为什么在这个截止日期前要出结果？"这样的问题必须想清楚。如果仅仅是因为"上级要求的""领导指示的",以这种程度的动机来进行研发,热情是不足的。我认为,如果没有旺盛的企业家精神,自己不能正确认识研究开发的必要性,缺乏正确的动机,无法向部下诉说研发的意义,就不能成为研发项目的领导人。

与此相同,再次重复,我认为从事研究开发这样的创造性工作的人,必须能进入某种"狂"的状态。观察成为大企业社长的人,那些有成就的人确实都带有某种"狂"的部分。

另一方面,像我们这样从事技术开发工作,必须在具备专业性且思维很清晰的同时,能够冷静地分析自己的研发成果,所以总是很容易选择所谓正常思考的人。但是,平时可以是普通的、具备常识的人,一旦遇事,就必须能很快进入"狂"的世界。观察某些成功人士,用普通的标准看,很多人已经带有了某种

"狂"的部分。观察、聆听这些人的言行,他们往往会说出不合常识的话,说出异想天开的话。

我们很难与这种不怎么合规的人打交道,所以还是会选择具备常识的普通人,而且要有谦虚精神。但一旦面临某种事态,必须能进入"狂"的状态。进入"狂"的状态需要某些物理条件,用通俗的语言来说,就是饥渴状态。

我很喜欢拳击,经常看拳击比赛的直播,自己也曾经实际练习过。当拳击比赛中同时被对方重拳击中时,双方选手都会因为被重击而摇摇欲坠。我觉得,这时候要站稳脚跟,突破这种在重击下体能到达极限的状态,靠的就是"失去冠军宝座就没饭吃了"这样的饥饿精神。我认为,这样的物理条件将选手逼入"狂"的世界。选手让自己没有退路,最终才可能获得胜利。

非常重要的是,在这种外部条件下,将自己逼入"狂"的状态。进一步说,我认为,必须能够主动创造这样的物理条件,同时在"狂"的世界和常识的世界中来去自如。我认为,这就是所谓的跨越梦想和现实之间的鸿沟。拿我自己来说,在思考困难的研发课题时,从早上起床到晚上睡觉,一直不停地思考,包括吃饭的时候都在想。在这个过程中,项目研发的整个流程和结果都会在我的脑海中呈现。项目还没有任何进展,我就已经对周围的人说"可以成功"了。之前还仅仅是很茫然的梦想,在不断思考中不知不觉地与现实融为一体,变得不可分离了。这样的事情经常发生。

我有一种感觉,在梦想和现实、"狂"的世界和常识的世界之间往来,应该类似于在地球和宇宙之间移动。将人造卫星送入宇宙空间,需要猛烈的推动力和巨大的能量,但当卫星进入无重力的宇宙空间后,不需要很多能量就能很简单地飞行。一开始我们会觉得这样的事情不可能发生，但实际上却不是这样。

也就是说，从事研究开发的人面对课题时，不能只停留在"如果可以实现的话，就做做试试"这样的梦幻阶段，而是要能够感受到现实世界和梦想世界逐步接近的过程，甚至要有研发课题已经成功了的错觉。如果研发领导人不能在这两个世界间来去自如，就无法获得卓越的研发成果。

成就革新事业的往往是外行

最后，我说一下我一贯的理论。我认为，成就革新事业的往往是外行。所谓的专业人士是绝对做不到的。当然，需要有专业知识和技术，我并不是轻视专业性。但我认为，完全沉浸在专业中的人，是绝对无法实现革新性研发的，正是外行才能做到这一点。

不管是怎样的专家,重要的是能时常站在外行的角度用新鲜的眼光看待事物。要时时抱着好奇心,不断用纯粹的目光观察事物。我认为,缺乏外行的单纯的眼光,就无法成就革新事业。我从经验中感受到的是,相比于完全沉浸在专业中的专家,起用外行而取得成功的案例很多。

总而言之,我认为在开展研发工作时,如果没有单纯而谦虚的心灵,如果不能比常人倍加努力,如果不能进入某种"狂"的状态,就无法取得出色的研发成果。

我的讲演到此结束,感谢倾听。

要 点

因为不是在自有技术的延长线上开发产品,用围棋的语言就是所谓的"下飞子"。新产品也有符合当时的市场需求，取得成功的。但是产品的生命周期很短，无法适应外部环境的变化，后续产品的开发进行不下去。

○

不管发生怎样的变化，如果在自己所擅长的技术的延长线上，就可以考虑多种应用方法。即便失败，也能立即转换方向。

○

在经营中"下飞子"是非常可怕的事。我们坚持开发与现有技术相关联的产品。虽然看上去速度很慢，但这种做法扎实可靠。

○

市场创造和技术研发应该是一样的。没有市场的话，我们就自己创造市场。

○

研究开发也好,市场创造也好,如果不能进入某种"狂"的状态,都无法取得成功。

○

一般来说,制造方常常会认为自己的产品有很高的价值,但是到底有多高的价值,是由购买方决定的。所以,只有当我们研发的产品被客户采用,而且客户用了以后非常满意,也就是说,只有因为客户使用而提高了产品价值,我们才说这个产品有了附加价值。

○

相对于技术能力,项目领导人的人格更能决定研发项目的成败。他要有高超的技术和出众的能力,对研发具备旺盛的热情,对自己的研发过程能够冷静地观察,严格地审视,而且有时候要严肃追究自己在研究中的责任。如果不是这样的人，就无法期待其研发有好的结果。

○

研发的过程中会遇到许多障碍，归根到底，跨越障碍所需要的是领导人的热情和能量。就像物理学中的能量定律一样，领导人及其团队对于研发课题所倾注的热情和能量的总量，必须和障碍的总量一样多才行。也就是说，如果不倾注超凡的能量和热情，是无法跨越障碍的。

○

选择研发课题时，由于在研发过程中自己的能力会不断升级，所以必须能够以将来进行时评价自己的能力。

○

要在包括自己在内的团队的成长和后来新加入成员的成长的基础上，思考将来某一时点所能具备的研发能力。这种能力在现在和将来都不断提高。无法正确判断团队在将来某一时点所具备的能力，就无法成为研发领导人。

○

用自己对上司、领导人或者客户的承诺，让自己没有退路。创造一个对自己不利的环境，让自己退无可退。人这种东西，总是想避难就易。我觉得，营造出一个将自己逼入绝境的外部环境是必要的。

○

如果没有旺盛的企业家精神，自己不能正确认识研究开发的必要性，缺乏正确的动机，无法向部下诉说研发的意义，就不能成为研发项目的领导人。

○

将自己逼入"狂"的状态，主动创造这样的物理条件，同时在"狂"的世界和常识的世界中来去自如。

必须是这样的人,这就是在梦想和现实之间来去自如的人。

○

完全沉浸在专业中的人,是绝对无法实现革新性研发的,正是外行才能做到这一点。不管是怎样的专家,重要的是能时常站在外行的角度用新鲜的眼光看待事物。要时时抱着好奇心,不断用纯粹的目光观察事物。我认为,缺乏外行的单纯的眼光,就无法成就革新事业。

将专业化作为基轴,开发技术,经营企业

在第 24 届轻井泽经营者经营决策研修会上的讲演
——1979 年 7 月 18 日

经营者经营决策研修会于 1958 年开始,由日本生产性本部主办。作为构思企业持续成长所必需的条件以及战略的研修会,在日本是第一次。

第 24 届研修会的主题是"20 世纪 80 年代企业经营的机会和危机"。在研修会的第二天,稻盛以"将专业化作为基轴,开发技术,经营企业"为题做了讲演。

产业结构需要转变的 20 世纪 80 年代

日本生产性本部这次确定的主题是:"20 世纪 80 年代企业环境将发生怎样的变化,在这种变化的企业环境中,企业应该如何应对"。

给我的讲演题目,我理解为:"如何推进企业的国际化、多元化、新技术开发和新产品开发?"

明年就要进入 20 世纪 80 年代,我认为形势不会发生很大的变化。首先,我们来分析一下日本迄今为止能够取得巨大经济发展的原因。

日本从战后的废墟中奋起,构建了今天世界第二位的经济大国,我想原因很多。其中最大的原因,我认为是从战后到 20 世纪 70 年代末为止,一直从西欧各先进国家引进技术,以此为基轴发展了日本经济,提升了日本的经济力量。

将专业化作为基轴，开发技术，经营企业

日本经济发展到这一步，日本的技术已经超过了曾经先进的西欧诸国。日本已经具备了强大的竞争力。现在，看起来国与国之间的贸易摩擦、经济摩擦似乎暂时缓和下来了，但是我认为，在20世纪80年代这个贸易摩擦一直会继续下去。摩擦的形态会发生各种变化，但摩擦只会加强，不会减弱。

到今天为止，日本将引进的技术进行日本式的咀嚼消化、改良改善，形成了日本高度的工业生产能力和品质水平。这种能力和水平已经凌驾于把技术转移给我们的国家。对因此而增强了竞争能力的日本，来自世界各国的妒忌和非难必将日益增强，这就是进入20世纪80年代后的趋势。

前一个时期，特别是美国，要针对日本的竞争能力采取贸易保护主义，从美国国会方面传来了这样的消息。虽然贸易摩擦现在沉静下来了，但是还留着尾巴。当然，把自由经济作为基本理念的美国当政者和经济界人士,不会采用贸易保护主义。因为贸易保护主义是对自由经济的否定,将会导致世界经济的萎缩,给繁荣至今的世界经济带来巨大的负面影响。所谓"管理之下的贸易"等,说法各种各样,但是贸易保护主义的方向是给自己套上绞索,我认为他们不会采取这样的方针。

但是,在日本的竞争力已经增强的现在,我认为,导致日本经济能力高度提升的来自西欧的技术转让,从20世纪80年代开始将会消失。也就是说,从西欧先进诸国向日本技术转移的时代,到20世纪80年代就会结束。

西欧先进诸国将此作为所谓的政策出台,各个企业主动贯彻这个政策的可能性很大,这是我们担心的。

大约3年前,在现在争吵得厉害的日美半导体纷争刚开始的时候,世界各半导体企业都购买京瓷的半

将专业化作为基轴，开发技术，经营企业

导体陶瓷封装。因为关系亲密，我有机会与各大半导体公司的领导人会面，听取各方面的意见。当时，日本向美国出口的半导体产品不断增加。美国以半导体为主业的企业经营者逐渐流露出对日本的不满，开始了针对日本的指责和非难。当时他们的逻辑是以下这样的，这个逻辑现在也没有变。

"战后一贯以来，日本从我们这里引进技术，彩色电视机是这样，汽车也是这样。现在大家一看就明白，美国的彩电一大半都是日本制造的。确实，日本产品的质量好，所以美国国民喜爱是理所当然的，汽车也是这样。但是，结果是所有精密的工业产品技术都让日本掌握了。最近，世界各国都没有划时代的技术革新。从阿波罗宇宙飞船这项大型事业中产生的半导体技术，是美国的重大技术革新，这项技术也转让给了日本。我们希望，最后剩下的这项卓越的技术革新成果，就是半导体技术，应该托付给美国来做。日

本把电视机、汽车甚至所有的东西都变成了自己的东西，连最后的半导体日本也要干吗？你们的电视机、汽车等各种东西我们都买。就半导体，除了部分提供给日本国内以外，其余从美国购买，你们认为怎样？否则，就会失去世界范围的协调平衡。"

同时，有的美国经营者还说："战后我们一直把美国开发的新技术转让给日本，这种做法错了。"英特尔的诺依斯博士、AMD 的桑达斯主席等，他们各位的意见，我想大体都是这些内容。

这些话语给 20 世纪 80 年代的日本产业界释放了一种强烈的信号。迄今为止以技术转移为基础，在此基础之上去粗取精，形成了更高级的技术和产品，这是日本发展的原动力。这一要素今后将会逐渐消失。

同时，现在已经露出端倪的能源问题，将会变得越来越严重。这对我们的产业界提出了一个要求，就是要彻底地节省能源，进行向所谓知识密集型产业结构的转变。

我认为，20世纪80年代就是要反映这些时代的要求，应该做这样的定位。

将专业做到极致，以高技术为基础开展经营

在这种环境条件下，就是在能源逐渐枯竭，欧美先进国家不愿再转让技术的条件下，我们的企业经营者应该怎么办呢？考虑到日本人的特性，包括我们的祖先在内，我认为，我们日本人缺乏发起划时代的根本性变革的素质。

我自己是搞技术出身的，说这种话未免难为情。但我感觉到，无论在我们日本人的精神结构中，还是大脑结构中，都没有置入飞跃性思考的电路。

日本民族属于农耕民族，日本人的习性就是忠实地遵循自然四季的变迁，周而复始地进行相同的农业作业。如果不是这样，违背自然，做出离谱的事，就难以生存下去。也就是说，忠实地依照自然界的规律，扎扎实实工作，反反复复努力，就是最好的生存之道。因此我感觉到，日本人已经失去了超出常规的、独创性的飞跃性思考能力。

因为农业耕作个人单枪匹马很难完成，所以以村落为单位的共同作业、共同农耕发展起来。日本人擅长在聚居的地方，协调一致、互相配合、共同劳作。也就是说，今天的日本企业以企业为单位的团队精神强大，在全世界的企业中能够竞争制胜，这种素质是从古以来就具备的。

自古以来，在日本，一切新鲜的事物都是从外国引进的。而日本人心灵手巧，擅长改良改善，把外来之物提升到一个更高的水平。也就是说，只有日本才有的、独特的文化或技术并不存在。另一方面，日本人有一种才能，善于把从别国引进的东西做得比别国更加精致、更加简洁高雅。

所以我认为，日本人的思维方式、行为方式与欧美人天然就不一样。欧美民族是所谓的狩猎民族，他们在追杀猎物的过程中需要飞跃性思考，需要单独行动。但是，日本人的特性是，只要给了他们确凿的技术、确凿的基准，日本人不但能把它忠实地重现，而且能够改良改善，使之更加精湛、更加卓越。日本人的这种特质比世界上一些民族更加优秀、更加突出。

我认为，正因为日本人缺乏飞跃性思考能力，所以今后除了将自己固有的改良改善特质发扬光大之外，别无出路。迄今为止日本都是从西欧各先进国家引进技术，借鉴这种技术和基准做出了比引进国更加优良的产品。但是今后这种基准将不会再有，所以我们应该做的不是再去寻找和掌握各种各样的技术，而是深化自己的专业，就是要推进企业的专业化。

为了推进专业化，为了在自己的专业领域内生存下去，就要在专业化的道路上、在专业的领域内深掘深挖，用锐角形的方式挖深挖透，在该专业领域内、在该专业技术上做到极致。今后各类企业都要在各自的专业领域内做彻底，把技术做到极致，在本专业内不亚于世界上任何国家的任何企业。

技术做到极致就会具备自信，在这种具备自信的技术的基础之上，再加上体现日本人特质的改良改善。日本民族很不擅长建立长期计划，但是现在正在做的工作再向前推进一步，一步接一步地前行，这步伐却非常踏实坚定。所以在现有技术的基础之上，一步一步不断改良改善，我认为就是日本企业今后应走的道路。

虽说是一步一步，而且在迈开某一步时，或许处于非常狭隘的专业范围之内，但这是以所持有的优秀技术为基础的，为了适应当时的市场需求。而在这种需求中，有许多超越常规的东西，要把这些东西纳入进来，以所持有的技术为基轴一步一步展开。企业将这一步一步的积累持续下去，经过若干阶段以后，再回过头来看，结果就如同进行了很大的技术革新一样，成果显著。

意识到"只有专业化，才有出路"

我之所以强调专业化，是因为人的能力是有限度的，各种技术要同时做到极致是非常困难的。为了具备不亚于世界上任何人的自信，首先要专业化，用尖锐的锐角形深挖下去。

同时，我希望大家要有清醒的意识，"只有依靠专业,才有生存之路"。说起来同竞技体育一样,专业的体育选手如果缺乏渴求成功的强烈欲望,不处于所谓的"饥渴状态",就很难变得强大。推动技术的革新和进步,也需要这样的精神状态。并不是有了漂亮的、设施齐全的研究所,技术开发就一定能成功。更重要的还是从事研究开发的人,他们必须处于"饥渴状态"。而为了让他们进入这种状态,就必须让有关技术开发人员具备危机感,让他们领悟到不走专业化的道路就无法生存。

把专业之路作为生存之路,让他们在这条道路上一走到底。"在这条路上做不出优于他人的技术开发,那是不行的",把他们逼入这种紧张的状态。从这个意义上讲,我认为强调专业化也是非常必要的。

专业化不仅针对技术人员,对于企业的管理人员以及做预算工作的财会人员等所有员工,都要逼迫他们。让他们懂得，必须在各自的专业领域内努力，才有出路。而且，现有的技术水平要进一步钻研、提升，达到不亚于世界上任何人的水平。

也就是说，要营造一种环境，不让他们从专业化的道路上逃离，并设立相应的条件，让他们全身心投入研究开发。

从核心技术出发，展开多元化

当然，研究开发必须具备核心技术。拿京瓷来说，就是围绕陶瓷做文章。所谓陶瓷，广义上指烧结品。烧结品有金属氧化物、金属氮化物、碳化物、硼化物等。由金属阳离子和非金属阴离子结合而成的矿物结晶的多晶体通过烧制成型，这项工作就是所谓"新颖精密陶瓷"的最基本的工作。

金属氧化物在地球的地壳中大量存在，铁的氧化物、铝的氧化物、硅的氧化物等构成了这个地壳的土壤。除了将其中特定的东西纯化后作为原料使用，我们还把各种氧化物加以混合。

也就是说，矿物结晶的多晶体是京瓷研究的基本对象。通过研究多晶体具备的物理性能，并将它应用于电子工业以及一般的产业机械等，我们做了许许多多的产品。

另外还有单晶体，即一个结晶体，我认为这样的矿物质具备的特性表现得非常清晰。这十年来，我们对单晶体进行了认真的研究。多晶体不具备的特性，单晶体应该具备，我们从这个观点出发进行了研究。现在在京瓷公司的精密陶瓷产品中，做得最多的、大量生产的是氧化铝。从结晶学上讲，它叫作刚玉结晶体，用我们熟知的名字，就是与蓝宝石、红宝石相同的结晶体。

将专业化作为基轴，开发技术，经营企业

研究工作世界领先——应用于电子工业

京瓷大量生产氧化铝，也就是铝陶瓷，因此，对单晶体，也就是蓝宝石的合成进行了研究。有关氧化物的结晶，我们的研究可以说不亚于世界上任何一家公司。其中，对于在电子工业中的应用，因为蓝宝石单晶体合成成功，我们掌握了批量生产蓝宝石的技术。我们可以用很快的速度，用类似制造板状玻璃的方法，将熔融状态的蓝宝石做成板状、筒状等各种各样的形状。我们开发了这种单晶体提拉技术。

用这种方法制成的蓝宝石单晶体不只硬度高，仅次于金刚石，而且具备许多特性。最初，作为工业用透明、耐磨损的优质材料，因为它的强度极高，可以用作比强化玻璃坚固得多的特殊玻璃材料。我考虑，这种具备优良性能的材料可以在许多领域加以应用。

另外,蓝宝石这种优质的材料,加上公司具有的先进的制造技术,可以考虑用在别的地方。现在,我们以硅的单晶体为基础,正在制造IC。就是在蓝宝石表面覆盖薄薄的硅单晶层,这被称为"外延生长",即使用反应器让气体状态的硅流动,在蓝宝石表面让薄至数微米的硅单晶成长。在这层薄膜之上搭载IC芯片,用这种方法形成的集成电路与过去的IC相比,不仅耗电大幅降低,而且运行速度大大加快。

这个问题其实在7~8年前就认识到了,但是因为缺乏廉价提供蓝宝石的技术,制造IC的工序又十分困难,很难实现工业化生产。现在,硅作为新的IC材料登场,特别是在储存器电路、IC储存器电路等领域。因为应答速度极快、耗电极少的IC储存器制造成功,工业化应用变成现实。通过对多晶体陶瓷的深入研究,我们将结晶技术发挥到极致。作为结果,我们做出的蓝宝石单晶体,终于能够应用于电子工业的领域。

实现自古以来人类的梦想——应用于人体的材料

在研究蓝宝石特性的过程中,我们弄明白了一件事,就是蓝宝石在牙科以及整形外科领域,即医疗领域也能够应用。在牙科和整形外科,向人体中移植人工牙齿及人工制品,借此修复或恢复已经缺失的、缺损的身体机能,这种做法相当盛行。

包括人工肾脏在内,现在人体的各种部位都可以进行移植。在骨骼领域,过去就一直在做。最初是牙齿,牙齿剥落以后,丧失了咀嚼功能,但只要装上假牙,就能充分恢复牙齿的功能。因此,过去是在牙床骨上埋进金属,再装上同自己的牙齿相同的人工牙齿,借此恢复牙齿的功能。

但是，人体中充满以食盐为主的电解质。在这种电解质的环境中，当金属植入骨头后，金属一定会溶解成为离子。所谓"电气腐蚀"，就是金属腐蚀，产生"生锈"现象。当然，骨细胞会对此做出排异反应，将它排挤出去。将金属植入体内，经过2~3年或4~5年，就会招致非常糟糕的结果。因此，在人的骨骼里植入金属之类东西是有后患的，是十分危险的。

有关这个问题，我们听了医学界人士的意见。提出的方案就是，用蓝宝石替代金属将会怎样。蓝宝石是由铝离子与氧离子紧密结合形成的一种结晶物。

铝离子这个东西非常之小，但一个铝离子周围结合了3个氧离子。紧密结合的3个氧离子之间有间隙，在这个间隙中正好进入铝离子。

这在离子结合中形成了很稳定的结晶结构，从原子的排列来讲，也是理想的排列。而由此形成的蓝宝石的硬度之所以仅次于金刚石,就是因为这个。同时,如此强固结合的结晶体,在耐酸、耐碱方面也非常理想。

例如,哪怕放在海水里,它几十年也不会腐蚀,是非常稳定的材料。所以我们考虑,这种材料进入人体以后,不会像金属一样锈蚀,人体也不会对它产生排异反应。

另外,我们还拜访了专门研究细胞培养的一位医师,做了种种探讨。据他说,具有与人体相近的化学组织的物质,人体会溶解、吸收它。

与自身不相合的东西,人体一定会排斥它;而同自身的组织相近的东西,人体又会溶解、吸收它。这都是人体的作用。例如,像有机物、聚乙烯之类的东西进入人体后,经过几年就会被吸收殆尽。也就是说,对于有机物、碳元素和氢元素结合而成的东西、类似蛋白质结构的东西，人体会溶解和吸收它们。

与人体相合、亲和性好的东西，与构成人体的分子相接近，因而易被人体吸收。随着与人体结构相离的程度增大，就会逐渐显示出排斥反应。但是，我认为，这种相离不是直线上的相离，而是圆弧上的相离。

也就是说，与身体细胞离得最远的东西，反而与身体细胞最能融合。虽然与身体细胞逐渐远离，排斥反应会越发强烈，但走到极端，最终又与身体细胞接近，排斥反应消失了。

这是京瓷的一种假设，也就是说，两种性质完全相反的东西放在一起，反而不会产生排异反应。我们依据这一假定，开始做实验。

我们首先从动物实验开始，现在医生已经在做临床实验，就是实际上将这种材料移入牙齿中。我认为这一定会带来牙科治疗的重大革新。修复人体中缺损的部分,这应该是有史以来人类的梦想。打开几千年前的古代坟墓,就发现有的遗体的牙部位装有宝石。实现自古以来人类这一梦想的技术革新,只有在蓝宝石这样的人工新材料诞生以后,才能获得成功。

现在,使用京瓷蓝宝石的人工齿根正在普及。同时,在骨关节或者在修复骨折部分时,螺钉、螺母、销子等零件都广泛采用了蓝宝石。过去,因为交通事故等造成的骨折,都采用不锈钢件及其螺钉等来固定,但如果采用蓝宝石,就没有必要再将其取出。骨头长好以后,不需要再开刀取出,蓝宝石具有这种卓越的性能。这类医疗领域现在已经开始使用蓝宝石,并不断取得成功。

创造新产品、新市场——人工宝石的开发

说到有关氧化物单晶体,它与宝石完全相同。从

很久以前开始，像蓝宝石这样的天然宝石就越发枯竭。人类佩戴宝石的历史十分久远，而近来质地非常低劣的宝石也在市场上卖出很高的价格。

特别是最近的天然宝石行业，把挖出来的原石用伽马射线照射，进行热处理，使用各种各样的方法将它变成漂亮的石头。就是说，并非完全天然，而是使用二次化学处理的方法，让它变成好看的石头。

像这样质地不好的石头却以高价出售，因此如果能够做出与天然宝石完全一样的宝石，一定会让世上的女性高兴欢喜。这是我自己的揣测，并没有考虑市场的实际需求。作为一个技术者的发想，我们开始制造宝石。

继绿宝石、变色金绿宝石之后，今年 8 月我们将推出红宝石。开发绿宝石花了约 5 年时间。一般天然宝石的生成都是长期在高温高压的水中矿物质溶解，而在冷却过程中成长为结晶体。

京瓷使用的不是水,而是温度极高的重金属液体。我们将与绿宝石成分完全相同的物质溶进去,再加入绿宝石的单晶体种子,在慢慢冷却的过程中以这个种子为核心让结晶体长大。我们采用了这种方法,但是当结晶体长到砂糖粒大小时,却怎么也不肯再长,长不成一个较大的结晶体。为了解决这个问题,我们花费了5年时间。我们用这个方法开发出了绿宝石、变色金绿宝石。

因为开发花费了整整5年时间,所以成功时,我们格外喜悦。拿给许多亲朋好友看,宝石非常漂亮,受到很高的评价,但同时成了宝石行业专家们的众矢之的。天然宝石界发出了这样的声音:"化学成分也好,结晶的结构也好,都与天然宝石一模一样,而且比一般的天然宝石更加漂亮。这样的宝石由人工制造出来,让我们做天然宝石生意的人很痛苦。"而且,人工宝石让人觉得是仿造品、赝品。于是他们又说："做出这样的假冒品来骗人，让我们非常困惑。"我们反驳说："这不是什么假冒品，是真货。"他们就斥责说"真货必须是天然的"，而且警告说"绝对卖不掉"。

因此，现在我们正在构建自己独立的流通网络。用玻璃球或者氧化锆等各种矿物质的结晶，做成与金刚石相同形状、相同折射率的东西出售，成为赝品，现在存在着赝品和天然宝石两个市场。那么，虽然是人工的，却同天然宝石的成分完全一样，创造这样一个范畴的宝石市场不是也很好吗？我认为，创造这样的产品和市场是完全可能的，我们投入了这个事业。

众所周知，市场上存在着养殖珍珠这样的领域，所以也可以创造一个新颖的宝石市场，我们瞄准这个目标努力工作。现在的销售额是每个月大约有3亿日元，如果计算终端零售的销售额，大概有每月5亿日元的市场需求。

将专业化作为基轴，开发技术，经营企业

挑战整个人类面临的课题——
向替代能源领域进军

另外，同样从结晶派生出来，再进入不同行业、不同领域。比如，因为具备了结晶技术，我们使用这种技术，正在将用于 IC 的硅结晶提拉成丝带状。

使用这种丝带状的硅，开发节省能源的太阳能电池，正好在 6 年前（1973 年）我们开始投入这项研究。现在，利用这项技术，我们正在制造硅丝带结晶太阳能电池。做这件事的出发点，就是希望我们民营企业在节省能源，开发替代能源方面，也能承担一部分责任。到现在为止，我们已经投入了 10 亿日元，从今年开始的 4 年间，打算还要投入 10 亿日元。

我想，不管京瓷如何苦心研究、苦心经营，都要解决人类的能源问题。为这一伟大的事业做出卓越贡献，我们或许力不能及，但是在资源贫乏的日本，不能仅仅依靠政府。作为一家民间企业，我们使用自己的结晶技术，向太阳能事业进行挑战。做一个榜样，作为一个事例，我认为也是很有意义的。

多元化朝"水平方向"扩展

把专业化的技术在专业化的领域内做到极致，由此掌握不亚于世界上任何人的卓越技术，使用掌握的这种技术，朝水平方向扩展。相对于"垂直整合"（vertical integration）这个词，这或许可被称为"水平整合"（horizontal integration）。

也就是说，使用某种技术，并朝水平方向的别的领域拓展，与别的领域的技术对接，从而孕育出新的、独特的东西，这是可能的，我想这就是所谓的多元化。

过去，人们常常强调"多元化"的必要性。实际上许多企业也一直在推进多元化，但是回顾产业界的历史，我不认为日本的多元化是成功的。为什么这么说？因为多元化拓展的方法存在问题。所谓多元化，应该是以不亚于任何对手的技术为基轴展开的多元化。如果是因为"那个生意好做""那个生意有魅力，能赚钱"，这样去开展多元化，是非常危险的。

使用自己掌握的、不亚于任何人的精湛技术展开多元化，也就是说，精通成为多元化基轴的技术，使用这种技术，再向别的行业、别的领域拓展，这是非常重要的。这与垂直整合不同，我称之为"水平整合"。我想，我们是不是应该朝这个方向努力。

将已经专业化的技术用锐角形向下深挖，在这个领域继续改良改善，由此得到独创性的、革新性的技术，这是一个途径。另外，用这种技术和别的技术结合，形成水平整合。

赌在技术开发上

同时，具备如此强有力的技术，我认为，朝垂直整合的方向拓展也是可能的。所谓朝垂直方向，就是在上游和下游的方向上与别的技术对接。我认为，具备强有力的专业技术，以此为基轴的垂直统合也是可能实现的。

这样来思考的话，今后的日本将会走向哪里呢？迄今为止，大家都在积极倡导中坚企业、中小企业"应该专业化"。我也认为，中坚企业、中小企业必须在专业上做彻底，精益求精。另外，大企业至今都是从西欧先进诸国引进技术，这种发展模式已经行不通了，因此需要在企业内部的各个部门推行专业化。

有一种模式叫作事业部制。迄今为止，事业部制的概念是"利润中心"，或者是为了获取利润而采用的独立核算的事业部制度。离开这一概念，我认为，为了开发崭新的、革新性的技术所需要的事业部制，在20世纪80年代将会突现出来。

将专业化作为基轴，开发技术，经营企业

这就是说，不是仅仅追求利润的事业部制，而是从技术人员到财务人员、企划人员在内的事业部制，是在企业内部完全独立的所谓"地方分权"式的事业部制。我认为，强有力地推进这种事业部制的时代将会到来。如果不实行这种制度，今后大企业恐怕难以继续生存下去。

我认为，今后企业内部的"地方分权"将会进一步推进。这不再是所谓"利润中心式的发想"，而是为了孕育新技术，为此必须追逼："你们除了在这个领域内钻深钻透，别无生路。"

从这个意义上讲，在大企业里每隔几年要进行职位轮换，这一人事制度就有弊病。包括管理人员、事务人员在内，都要真正作为一个独立部队，在各自的专业领域内把工作做到极致。当然，在这个专业内毕业了，再转向另一个岗位，有这样的情况，但是不会每隔一个期间就换岗。也就是说，只有在这个领域内

钻深钻透，才能生存下去。这种充满危机感的状态，必须人为地加以营造。同时，用锐角形将技术深挖，在对自己的技术有了确凿的自信以后，再向别的领域、水平方向、垂直方向延伸。这个事要做出预算，让员工自动自发地做。不采用这种拓展的方法，我认为，日本的技术革新很难有突破性进展。

不管是中小企业、中坚企业，还是大企业，都要推进专业化。对于大企业而言，就是要推进"地方分权"，我认为，这将是 20 世纪 80 年代的新趋势。

"战力集中投入型"经营孕育技术革新

下面将会发生什么样的事情呢？在日本，不管是中小企业、中坚企业，还是大企业，企业之间所谓的吸收合并、企业买卖很少进行。这样的行为在日本的产业界有"强势收购""恶意篡夺""乘人之危"这样的词语，给人非常负面的、阴暗的印象。

对快要破产的企业或者已经破产的企业加以合并吸收，这种情形虽然存在，但是企业在健康的状态下合并对接，在日本是没有的。但是，在欧美各先进国家，企业之间的买卖如同商品的买卖一样司空见惯。这种行为最清晰地表达了所谓资本主义的特征。return on investment（ROI）就是投资回报率不佳的事业就要"撤销"，要"卖掉"。在这种"资本理论"的支配下，一个企业或者大企业的一个部门就像商品一样，可以自由买卖。

企业需要专业化，但是迄今为止，在专业化的竞争中落后的中小企业、中坚企业，以及大企业中落后的一个部门或一个事业部，都原封不动地存在着。例如，在三井系统、三菱系统的大企业里好不容易做的一个事业部，现在要卖掉"有关企业的体面""很难为情""面子上过不去"，等等。虽然离开了企业经营的原则，但碍于经营者以及管理层的各种感情因素，使得亏损的事业部苟延残喘，这种情况在日本非常多。

不管哪个企业领域在推进专业化的时候，如果在该专业领域内，自己在世界上处于弱势地位，那么对于企业来说，这都是一个严重的问题。另外，以锐角形深挖，把某种技术做到了极致，那么拥有这一技术的部门，若要将这项技术向水平方向、垂直方向拓展，就需要庞大的资金。

在这一过程中，人财物不可分散投入，必须贯彻"战力集中投入型"的经营方针。分散投入的话，绝不可能产生崭新的、革新性的技术。因此，在大企业中，理所当然就要进行必要的整合。

要开发专业技术，若采用分散型投入的方针，技术开发必然落后于人。从这个意义上讲，一定要采用"战力集中投入型"方针，这就必须整合资源。因为向不同的行业领域拓展或者进行垂直整合，需要技术开发的骨干。即使具备核心技术，但只是停留在所谓改良改善的层面，很难在竞争中超越他人。

技术革新需要提高企业的流动性

某项技术与我们持有的不同技术相对接，能孕育良好成果，而那项技术是我们本来没有的。

但持有该项技术的厂家并没有什么强项，经济效益也不好，技术反而成为其负担，这种情况也是有的。在这种情况下，因为我方的技术非常强，对接后诞生的产品可能极富创意。

因为大企业也必须采用"战力集中投入型"战略，所以凡是效率低下且无法进行有价值的技术开发，因而成为企业负担的弱小部门，必须出售。同时，将要被出售的事业部会产生危机感，这些事业部的人员面临或生或死的深层危机,这就逼迫他们必须努力推进研究。也就是说,要有意识地、人为地设定危险条件来促进研究。

即使是不好的事业部也有人才,如果与强有力的技术对接,可能产生卓越的新产品。这样的话,就会有买家。也就是说,这种技术在原来的企业里已无价值,但它与自己的技术结合,可能诞生卓越的新产品。在这种情况下,就可能有买家出现。

进入20世纪80年代,日本会盛行所谓"资本理论"下的企业买卖吗?我想,美国和西欧式的那种买卖大概不会发生。大企业、中小企业都一样,在专业化的进程中,为了集中力量,掌握在全世界引以为豪的先进技术,就要把达不到这种水平的部门拿出来出售。同时,因购买这种部门而能够创造出新东西的企业就会诞生。这样的话,企业会从过去的固定化方向向今后的流动化方向发展。我认为,20世纪80年代应该是这种必要性到来的时代。

同时,人员也将流动。过去,日本的技术阶层以及管理阶层,对于企业的归属意识非常强烈,对企业非常忠诚。进入20世纪80年代,我认为,员工对于企业的忠诚度也不会降低。但是,为了谋求新的技术变革,就会要求技术人员和管理层在企业之间进行流动,不得不流动的时代将会到来。如果不这么做,对于不能再依赖技术引进的今后的日本来说,要维持全世界优秀的工业生产力经济大国的地位,将会非常困难。我认为,必须进行这样的变革。

我的专业领域非常狭窄,我用这个狭窄的视野观察事物,同时我的意见中充满独断和偏见。但是,我认为,如果不进入这样一个时代,日本要维持现有的地位是非常困难的。日本企业本身要变革,才能适应时代变化的趋势。

要　点

日本人缺乏飞跃性思考能力，所以今后除了将自己固有的改良改善特质发扬光大之外，别无出路。迄今为止日本都是从西欧各先进国家引进技术，借鉴这种基准做出了比引进国更加优良的产品。但是今后这种基准将不会再有，所以我们应该做的不是再去寻找和掌握各种各样的技术，而是深化自己的专业，就是要推进企业的专业化。

○

为了推进专业化，就要在专业化的道路上、在专业的领域内深掘深挖，用锐角形的方式挖深挖透，在该专业领域内、在该专业技术上做到极致。今后各类企业都要在各自的专业领域内做彻底，把技术做到极致，在本专业内不亚于世界上任何国家的任何企业。

将专业化作为基轴，开发技术，经营企业

○

在技术做到极致的基础之上，再加上体现日本人特质的改良改善，必须走这条路。日本民族很不擅长建立长期计划，但是一步接一步地前行，这步伐却非常踏实坚定。所以在现有技术的基础之上，一步一步不断改良改善，我认为就是日本企业今后应走的道路。

○

即使处于非常狭隘的专业范围之内，但以所持有的优秀技术为基础，去适应各个时期的市场需求。一步一步积累，结果就如同进行了很大的技术革新一样，成果显著。

○

人的能力是有限度的，各种技术要同时做到极致是非常困难的。为了具备不亚于世界上任何人的自信，首先要专业化，用尖锐的锐角形深挖下去。

○

要具备"只有依靠专业，才有生存之路"的意识，并不是有了漂亮的研究所，技术开发就一定能成功。更重要的还是从事研究开发的人，他们必须处于"饥渴状态"。而为了让他们进入这种状态，就必须让有关技术开发人员具备危机感，让他们领悟到不走专业化的道路就无法生存。

○

把专业化的技术在专业化的领域内做到极致，由此掌握不亚于世界上任何人的技术，使用掌握的这种技术，朝水平方向扩展。使用某种技术，并朝水平方向的别的领域拓展，与别的领域的技术对接，从而孕育出新的、独特的东西，这是可能的，这就是所谓的多元化。

○

日本企业若要取得多元化的成功，就要使用自己掌握的、不亚于任何人的精湛技术。也就是说，要掌握核心技术，使用这种技术，再向别的行业、别的领域拓展，这是非常重要的。

○

只有在这个领域内钻深钻透，才能生存，要人为地营造这种充满危机感的状态。同时，用锐角形将技术深挖，在对自己的技术有了确凿的自信以后，再向别的领域、水平方向、垂直方向延伸。这个事要做出预算，让员工自动自发地做。不采用这种拓展的方法，日本的技术革新很难有突破性进展。

○

人财物不可分散投入，必须贯彻"战力集中投入型"的经营方针。

○

因为向不同的行业领域拓展或者进行垂直整合，需要技术开发的骨干。即使具备核心技术，但只是进行所谓的改良改善这种程度的努力，很难在竞争中超越他人。

创造的喜悦

在丰田车体工厂的讲演
——1981 年 6 月 3 日

稻盛在讲演中谈到,所谓创造,要从相信"能行",描绘梦想开始。超乐观地设定目标,悲观地审视构想,乐观地付之实行,这三步很重要。再加上"怀抱强烈而持久的愿望"这一条,创造就能获得成功。

京都陶瓷公司概要

在正式讲演前,我先简要地介绍一下京都陶瓷公司。公司于1959年创业,到今年3月正好迎来了22周年。总公司的销售额在今年3月底的决算为1005亿日元,利润为244亿日元,员工人数为5100名。国内子公司等还有大约2000人,海外生产据点在美国有7家,约2000名员工。把所有的子公司加起来,京都陶瓷公司的规模是,员工总数约有9000人,合计销售额达1450亿日元。生产销售的产品是烧制品中的一个种类,主要产品是IC用陶瓷封装。另外,公司还从事其他多种事业。

创造从描绘梦想开始

今天,我想以"创造的喜悦"为题做讲演。其实,我们从创业开始到现在,一直是靠"开发、生产、销售新产品"成长发展起来的。所以,创造新事物是我们的看家本领,创造成了我们的企业体质。不创造新事物,企业就没有发展,这成了我们的基本态势。

研究新课题,开发新产品,就是创造。所谓创造,就是要做出世界上没有的新东西。我所讲的"创造"的含义,与所谓"空想"意义上的想象完全不同。当然,我认为,空想本身也很重要。我认为,缺乏浪漫气质的人,就连空想意义上的想象也不能展开,独特性的创造更无法企及。创造就是要"描绘梦想",描绘自己无限的梦想正是创造的开始。

一般来说,在进行研究开发时,要召开研究开发会议或新产品开发会议,会议上会出现各种各样的创意或提案。但因为付诸实践非常困难,创意遭到扼杀的情况非常之多。但是,在我们的公司,哪怕是异想天开,哪怕是再奇特的发想,也可以自由谈论。我认为,即使空想也行,描绘梦想是必需的。

描绘梦想,相信"能行"

在描绘梦想的时候,最重要的是什么呢?就是描绘梦想的人以及他的团队,在描绘梦想并努力实现梦想的过程中,一定要相信这个梦想有实现的可能性。连自己也认为不可能实现的梦想,不管如何描绘、琢磨,都毫无意义。我认为,喜欢空想的人、描绘梦想的人、思维沉浸在一个接一个的梦想之中的人,虽然知道实现这样的梦想一定会碰到难以想象的困难,但是他们必须相信梦想有实现的可能。

在有关研究开发的会议上,当某个人提出"我想干这么一件事"时,总有人列举理由,说明这件事干起来有多么困难。提出否定意见的人,大体都是头脑聪明的技术骨干。我想,这一点在哪个企业中都一样。说出梦一般提案的人,一般都是性格开朗的乐天派。而优秀的技术骨干会条分缕析,证明提案者的发想是多么荒唐无稽、脱离现实。因为他们理性十足、

创造的喜悦

振振有词,而且他们的话无法立即反驳,所以在座的企业领导人听了以后,也会认为提案"确实不太靠谱"。那些聪明善辩的技术骨干的话听起来很有说服力,结果就是"这个创意、这个提案就放弃吧"。我想,一般的会议都是这样的情形。

因此,要开发新东西,准备做创造性的事情时,就必须改变会议的方式。那种好讲逻辑、思维负面的人在会场上会成为阻力,所以召开这种会议时就不请他们出场。我召集来的人,尽是些头脑不太灵光,但性格十分开朗的人。会议上大家畅所欲言,什么都可以讨论。也就是说,要做一件新的事情,在最初阶段只召集思维积极正向的人,对于抱有消极负面思维方式的人,开始时不让他们参与。我认为,这么做是必要的。

但是来到会场,畅谈空想或者梦想的人,如果连他们自己也认为所谈的梦想是不可能实现的,那就不好办了。在企业里与伙伴们组成一个专题小组，认真去干，就可能成功，必须相信这一点。这是要让创造获得成功，我想列举的第一个条件。

对于这个意思，我们用"相信无限的可能性"这句话来表达。这已经成了我们的口头禅。近来，缺乏宗教信仰的人越来越多了，连"相信"这个词也不太使用了。然而，我们相信人的潜力巨大，因此我们能够向各种事物发起挑战。

说一点儿稍稍离题的话。休兰伯尔公司是一家跨国企业，这家企业的年销售额换算成日元，大约是1万亿日元，税后利润约是2000亿日元。凡是来到石油的开采现场，几乎都可以发现休兰伯尔公司的卡车。休兰伯尔公司测定石油开采现场地壳中油层离地面深度。据说，它占据了全世界石油开采现场90%的市场份额。据说，壳牌及美孚等世界有名的石油企业都要用到该公司的技术，否则最终的石油开采工作无法完成。

尽管我们与休兰伯尔公司之间没有任何商业上的往来,但是在上月下旬,该公司的总裁以及经营班子成员邀请我和京瓷的主要干部,到美国一个非常幽静的地方一起举办讨论会。那个地方连电话也很少打得进去。整整三天,我们进行了密集的交流。讨论的话题是,在国际商业领域内,为了有效发挥企业高层的领导作用,需要什么样的哲学。

当时,我感受最深的一点是,休兰伯尔公司是一家具备尖端电子技术的企业,讲究合理化,管理非常规范,但同时又把"相信"二字作为公司的理念。超过85 000名员工全都实践这一理念,在他们的一切活动中都贯彻这个理念,把"相信"作为自己的行为规范。

在开发产品时,在描绘梦想时,"能够成功""能够做出来",如果不相信这一点,态度就认真不起来。"想做一下试试,看结果吧",抱着这种想法决不会成功。"不做不知道,做做看吧",在这种想法之下,不成功的可能性大。也就是说,要想创造某种事物,下决心赌在这件事上,那么干这件事的人必须相信事情能够成功。

乐观地设定目标

在开发新产品的时候,我们请的参会对象是那些具备正面的、积极的、肯定的思维方式的人,以及相信无限的可能性,能够不断描绘梦想的人。我们同这样的人开会讨论,做出决定。开会时我会说:"不管怎么奇特的发想都可以发表,天马行空也无妨。"虽然我这么说了,但实际上真正奇特的发想两年前才有,是最近的事。以前,因为我自己是一个极为胆小谨慎的人，所以我们的发想都限定在自身技术的延长线上。也就是说，限定在我们有某种自信的技术应用的范围之内，我们在这里描绘梦想，提出创造性的方案。

但最近，我们就不那么自我设限了。我开始鼓励员工们大胆地提出与我们的行业和技术完全无关的创意发想，我自己也在努力这样做。话虽然这么说，但在我们具备的技术的延长线上思考创新的问题，总觉得比较稳妥。

以上所讲，就是在进行创造的时候，空想也行，开始时应该自由想象，要抛弃制约自由想象的消极畏难的思维方式，采取积极肯定的态度，同时，要站在超乐观的立场上思考问题，不受悲观思想的束缚。首先，这一点非常重要。

为什么我要强调这一点呢？

日本从"二战"以后到今天,发展速度非常快,这是因为我们日本人的执行力很强,就是实现既定目标的能力非常出色。例如,从海外引进技术,在消化吸收的基础上,制造出优质的产品,这样一种能力非常突出。

但是另一方面,据说日本人设定目标的能力很缺乏。在设定目标的时候,如果消极保守、思想悲观,好的创意发想就出不来。所以在设定目标的时候,一定要抱有积极乐观的态度。我认为,在这方面日本人确实是欠缺的,日本的产业界在目标设定的能力上是受到质疑的。

描绘梦想,积极开发,争当世界第一

那么,在描绘梦想这个问题上是,我们是怎么做的呢?例如,我们现在正在生产太阳能电池,就是将

创造的喜悦

太阳光直接转换成直流电。这要用到硅半导体技术，这项技术并不是我们开发的。

在7~8年前，我们开始做这件事。到现在为止，投入的资金有250亿~260亿日元，产品总算开始在市场上销售，当然，还没有达到盈亏平衡。

本来这样的事情应该由半导体厂家，如日本电气、东芝、日立这种企业来做。由搞精密陶瓷的我们来干这样的事，谁都认为不可能成功。但是现在，在硅半导体太阳能电池的生产方面，我们已经做到了世界第一，虽然在此过程中我们吃了不少苦头。

虽然说使用硅结晶技术制造的是太阳能电池，但这个硅结晶的过程，同我们在制造精密陶瓷产品时所使用的结晶技术完全相同。以前，在半导体上使用的硅，是使用"丘克拉斯基法"做出半导体硅结晶物，然后切割而成。而我们使用的技术是，将多晶硅熔融，从中连续提取出像纸一样薄的丝带状结晶体，不再做任何的后加工，就在这上面让不纯物扩散，造成 PN 结节，做成太阳能电池。我们一直用这种方法推进研究。现在，我们已经能够从熔融状态的硅中提取出非常薄的丝带状硅结晶体，并将它连续地卷成一卷。

对硅半导体进行这样的处理，制造出太阳能电池，这同我们原有的技术相关。我们在精密陶瓷结晶技术中研究的主要对象是氧化铝的结晶体。氧化铝的结晶体就是蓝宝石。因为我们已经掌握将蓝宝石单晶体连续提取的技术，应用这项技术应该也能提取丝带状硅结晶。基于这一思考，我们才将目光投向太阳能电池。

可以预见，今后能源危机必将到来，过分依赖石油的能源结构一定会向多元化方向改变。考虑到这一点，我们虽然还只是中小企业，但我仍想在能源领域占据一席之地,哪怕只是小小的一席。

今后,除石油外,还会依靠煤炭,在所有方面,能源多元化将不断推进。过去同能源毫无关系的企业,依靠自身的努力在该领域内占据一席之地,这种可能性出现了。因此,我就思考,有没有什么办法可以进入能源这个领域?我想到,如果用到结晶技术的话,我们应该不输于人。

我们的结晶技术还可以用在哪些领域?在10~15年的时间内,一个什么样的时代将会到来?在思考描述的过程中,考虑在我们的技术的延长线上,我们可以发挥什么样的作用。最后,我想到了太阳能发电这个领域。从那时起,我们就把这方面的研究工作不断向前推进。

当我决定要做太阳能电池的时候,在日本以日本电气公司为中心的太阳能电池事业已经展开。灯塔、

赌在技术开发上

海上保安厅用的浮标以及日本人造卫星的电源,都使用了日本制造的太阳能电池。也就是说,它已经不是新事物,大企业已经先行。就在此时,我们开始了太阳能电池的开发和批量生产。

在这种情况下,超越先行大企业的技术是什么?我们能不能依靠这个技术与竞争对手一决胜负呢?这成为一个问题。实际上,在决定向这个新的领域进军的时候,虽然我们具备结晶技术,但这项事业同我们现有的工作实在相距太远,专业技术人员也十分缺乏,还有各种各样的问题。尽管如此,我们却并不介意。"要做太阳能电池",就凭这个念头,我们决定开发研究,投入这个领域。到现在,虽然不能说已经十分成功,但是全世界的微波中转设施已广泛使用了我们制造的太阳能电池。

另外,我们使用同样的结晶技术,以"Crescent Vert"为品牌制造绿宝石,还有红宝石、变色宝石、珍珠石等再结晶宝石，挺进宝石的事业领域，开始的动机也是出于相同的思考。

还有，我们最近做的事与各位的工作有关系。我们想用精密陶瓷制造汽车发动机，现在每天都在说这件事。汽车专家们都在笑话我们，但是我们是认真的，我们想尽办法要做出精密陶瓷的汽车发动机。车间里四五台引擎发电机摆放成一排，虽然我们什么都不懂，但连续几天，拼命开动用精密陶瓷加工的引擎。愚直地描绘梦想，拼命地试验，创造开发从这里开始。我们的公司已经形成了容忍试错的氛围。

实行阶段，悲观地审视构想

但是，我这么说，如果引起技术人员的误解，胡乱提案，那又乱套了。所以，研究开发工作必须顺应公司的方针，必须在设定的范围内测算成本，考虑盈亏。要把这两条传达给技术人员，设置刹车机能。作为技术人员也许对某个课题兴趣浓厚，但如果课题对公司没有任何裨益，那是不行的。公司进行研究开发，是因为预计到该项目可以盈利。如果一味迁就技术人员个人的梦想，他们便会认为只要附加价值高，以后就一定能赚钱。但事实上并非如此，这中间自然有极限。总之，我认为，最低限度的条件是符合公司的方针，并且在核算上能够盈利。

因此，自由想象，描绘梦想，决定这个项目要干以后，在进入实行的阶段时，思维就要颠倒过来，需要非常悲观的思维方式。也就是说，这时候需要擅长逻辑思考的理性型人物出场。对于将要做的这个项目究竟有多困难，会遭遇怎样严重的障碍，都请他们一一列出。在绿灯亮起，决定要干以后，就要将所有的负面因素全部列举出来。在了解了所有困难的基础之上，再研究如何克服这些困难，把研究开发引向成功，这时又需要积极乐观的思维方式。研究开发如何困难、多么艰辛，在思考这一点时，要请理性型人物超悲观地将可能遇到的障碍全部列举。接着，因为已经开了绿灯，决定要干了，所以要将列举出来的困难作为前提，采取积极乐观的态度，思考如何克服这些困难，把项目开发引向成功。

就这样，项目开始进入实施阶段。大家知道，在这个阶段，要反反复复试验、试错，将研究开发向前推进。如果此前不将所有负面因素一一列举，那么研究开发的向前推进会变得非常困难，往往决定要干的项目无法完成，研究开发的资金不断被吃掉。因此，又会怪罪到开始发想时不慎重，结果发想就会萎缩，将自己封闭在一个狭小的天地，只会去干一些不需要多大资金，不需要多大能力且不冒风险的项目。

创意近似于空想，凭这样的创意决心要干，而对可能出现的困难和障碍又估计不足、思考不够，在这种情况下着手实际的研究开发工作，失败的情况就非常之多。结果就会反过来责怪一开始用积极乐观态度提出创意的人。所以，要研究开发困难的课题，为了使课题的开发获得成功，在下决心后，首先需要把悲观的论调全部列出来，以此为前提，以积极乐观的态度思考如何克服这些困难。在此基础之上，要反反复复试验、试错。这时候有一个极为重要的问题，就是从事这项工作的人所具备的人格素养。

热情决定事情的成败

我是技术工作者，但我一贯认为，在作为技术工作者之前，首先必须是一个品质优秀的人。不论是搞研究、技术开发，还是帮助推销产品，当然在参与高层决策管理时更是如此，在作为专业人才之前，首先必须具备优秀的人格。

例如,在研究开发时,最初的创意本身就如梦如幻、无根无据,越是在这种飘忽的状态下设定目标,在进入到日常的研究开发时,就会遭遇巨大的困难。从哪里下手,如何攻关,心中无数,经常会出现这种情况。因此,需要一种坚忍不拔的精神,无论在多么艰难的局面下都能忍耐,千方百计寻找突破,把事业做成。

从结论来讲,在推进研发工作时,课题组长以及跟随他的部下的热情非常重要。热情也可以用意志二字替代。重要的还有他们的人格,也就是思维方式,另外还有能力。这三个要素决定了事情的结果。再进一步讲,这三个要素是相乘的,就是能力 × 热情(或者意志)× 人格(或者思维方式),由三者的乘积决定事情的结果。

我们在做工作,特别是搞研究开发时,往往会错误地理解,认为能力是最重要的,这是不对的。说到能力这个因素，只要有普通的水准或许就够了，高于普通水平，当然更好。但是比能力更重要的是人格，就是思维方式，还有热情或者意志。我感觉到，这两个要素在成就事业方面，包括研究开发在内，是最起作用的。

首先，超乐观地想象、构思，进入实施阶段，又要超悲观地思考可能遭遇的障碍，然后要积极乐观地思考、谋划解决问题的方法。我强调了这三步，但实际上在决定了课题，做出某种预算，开始进行研究开发时，课题组长的人格品性将起到极大的作用。我想这一点诸位也有许多经验。比如，组长是一个乐观开朗的人。乐天派往往粗心大意，在带领课题组制订实验计划时，因为缺乏严密的逻辑，往往出现疏漏。进行独创性的研究是追求事物的真理，出现疏漏就很难将真理追究到底。

另一方面，还有一种人逻辑思维很强，制订实验计划一丝不苟，但又十分神经质，缺乏勇气，战战兢兢，过度担心不安。在有勇气的人看来，课题实际上已经成功了，但他却觉得怎么做都成功不了。所谓研究开发，是将各种条件随机组合进行实验。因此，如果不能时时在头脑中描绘整个实验的架构，考虑各种条件组合下的矩阵结构，就会在实验中迷失方向。有时候，当俯瞰整体，进行逻辑分析归纳时，从中已经可以看出成功的端绪，就是说从整体中抽出核心。我想，在座诸位具备这种能力。将实验的结果进行细致的分析，全都用逻辑加以梳理，就能看出本质："在这个地方不是已经做出来了吗？只要将这个条件与那个条件组合，下面一定会出现这样的结果。"但缺乏勇气时，有神经质倾向的人看不到成功，过分地担心不安，继续不停地实验，结果越发迷乱，越发不知所以然了。

还有一种人，为了引人注目而装腔作势。当实验有所进展，初见成果时，尽管自己还不满意，但在领导面前发表，却要装出很有成效、很有把握的样子。开始他只是想："反正领导人是外行，不懂技术。虽然不打算忽悠他，但这时候如果不把情况说得乐观一点，不但领导人对自己的评价上不去，而且下面的预算可能就不给了。"不是故意骗人，只是"虽然这与事实稍稍有点儿出入，但是……"，便有意无意说了谎话。而一旦装模作样说了谎话，谎话就成了负担，自己就被谎话套牢，不得不用更多的谎话来圆这个谎话。结果让自己陷入迷途，找不出事物的真相了。我想，你们或许也有过这样的经验。还有更卑怯的人，无论如何也不肯承认自己的实验失败了，为此不惜牵强附会，甚至伪造理由。这样，他就与真理越走越远了。

为什么现在我要提这个话题？因为我想说明，鉴于一个人的人品和思维方式不同，在对实验结果做出评价时，意见会出现很大的反差。所以我认为，与能力相比，这个人的人品显得更为重要。从这一点出发，我认为，在成为一个杰出的研究者、技术员之前，首先要紧的是塑造自己优秀的人格。

当研究开始的时候，往往困难很多，很难顺利进展。例如，我刚才提到的再结晶宝石。因为看到市场上粗劣的绿宝石卖出昂贵的价格，我就想："结晶学属于我们的专业领域。如果能以较低的成本，人工制造出与天然宝石完全相同的绿宝石，那么客人一定会喜出望外。"出于这么一个幼稚的想法，我们就开始了研究开发，到成功为止，花费了整整五年时间。

研究开始后的第三年，因为只是投钱，看不到效果，我就想算了，到此为止吧。当我说"差不多了，适可而止"时，研究人员拿来了结晶的样品——砂糖粒大小的宝石，说："你看，结晶已达到这一步了。"

于是我想:"这样做下去,或许能成功。"我抱有期待,但又过了一年:"还是不行!放弃吧!"当我说这话时,他们又拿来了更大一点儿的结晶石块,于是我想还是再等等吧。结晶宝石成长得很慢,努力了五年,最后总算成功了。

就是这样,研究开发往往要花费很长的时间。在此过程中,负责研究开发的人员如果要靠社长或上司鼓励、鞭策,才能把研究持续下去,那是不行的。搞研究工作的当事人必须自我激励、自我鞭策。那么,维持和提升自己的积极性靠什么呢?靠的是对于研究的热情、激情,也就是前面所讲的方程式三要素中的"热情"或"努力"。

意念导致成功

说一点儿离题的话。在有关我的书中有一个情节,就是在我进入旧制初中以前,患上肺结核,面临死亡威胁的时候,一位邻居大嫂给了我一本宗教的书让我读。看到出版的有关我的书以后,该宗教团体特地来邀请我,他们说:"你是因为读了我们宗教的书才治好了病,才获得了今日的成功,所以请你一定要到我们这个宗教团体召开的全国大会上发表讲话。"我想,既然人家邀请我,不去就失礼了,同时我也应该对他们有所回报。

于是,不久前,我去这个宗教团体召开的全国大会上讲了话,大约1000名信徒参加了大会。我讲话的内容就是刚才提到的有关"人品"和"热情"的话题。参会的人都相信这个宗教,都想成为这个宗教倡导的具备优秀人格的人,而且为此做了种种努力。但是,我却说:"哪怕美化心灵,端正行为,事业还是很难做成功。"

像我这样的情况,是一个少有的例外。普通人即使抱着纯粹的心灵拼命工作，还是很难获得成功。这是一种情况，而在这世上，有心灵并不那么纯粹的人，却获得了成功。看到这种情形，参会的人就觉得不公平。宗教和神灵都倡导，只要具备高尚的人格和纯粹的心灵，只要思维方式正确，就能获得成功和幸福。但为什么事实却并非如此呢？他们提到了这样的问题，所以我讲了我的观点。

心灵的状态纯洁与否，实际上同能否成功并没有直接的关系。我刚才讲到，在将事情引向成功的过程中，人品非常重要。但是，人品虽然对判断力有影响，却对成功本身影响不大。为了让事情成功，意念十分重要。这里讲的"意念"就是前面提到的"热情"和"意志"，或者叫"激情""愿望"。"要做成这个样子！"这种强烈的愿望、意念才是激励自身积极性的最大能量。

成败取决于愿望的强弱

在开展事业的时候,心灵并不纯粹的人反而获得了成功,我们经常看到这样的事例。这是为什么呢?我下面要讲的,是我个人的观点,或许充满了独断和偏见。

例如,有一种人,他创办事业就是为了赚钱。一般来说,具备某种教养,具备一定人品的人在考虑赚钱的时候,对"不管别人如何,只顾自己赚钱"这种自私的行为,他们是不屑一顾的。因为他们有良心,"不想靠损人利己成为富人"。与此相反,"哪怕让人哭,哪怕遭人恨,我都不管,我只想赚钱!"这种欲望强烈的人,虽然没有人品,没有教养,但他们的钱来得快。为什么?因为他们欲望强烈、出手敏捷。而心肠善良的人会想:"不必那么难看、那么拼命去赚钱吧。"而在这么想的一瞬间,力量就衰落了,所以无法成功。更何况相信宗教,又不彻底,想要保有一颗好心,结果就是"不那么赚钱了"。

因此,在自我激励的时候,目的放在哪里,动机聚焦在何处?这个问题极为重要。为了把事情办成,这个意念、这个愿望的强弱是关键,它决定了事情的成败。当我这么讲的时候,宗教团体的人虽然似懂非懂,但是他们还是显得很高兴。

他们高兴,还因为我又讲了下面一段话。为什么我们经常提到意念、意识、愿望、热情以及意志等词,经常听说洞穿岩石般的意志能够成就事业?在工作的时候,我会入迷般地把思维集中到事物的某一个点上,如痴如狂。思考时间最长的时候,例如,一个技术问题我连续思考了四天四夜。当然夜里我会睡觉,但不管睡着还是醒着,不管在不在公司,我都只思考这一件事。一般人做不到这一点,但为了突破难关,这种异乎寻常的集中思考是必需的。那么,这样痴狂般地集中思考问题，其能量的源泉在哪里呢？根据以往的种种经验，我认为，这种能量来自意念。"无论如何非这么做不可"，心中具有这种强烈的愿望，是巨大力量的源泉。

愿望释放强大的能量

我的这种说法在道理上通不通，我不知道。说得神乎其神，大家都不会相信，我用具体的事例来做说明吧。

例如，最近肥胖的人多了起来，无论海外还是日本，许多人坚持早晚慢跑，以图减肥。医生却告诫说："早晚跑两千米减不了体重。因为能量摄取太多，跑这么一点儿距离，消耗不了那么多能量。与其这么跑，还不如控制饮食，不要吃太多，这是最重要的。"医生的意见大家认为是常识。早晚跑个两千米，确实瘦不下来。但是，如果妻子或孩子患上重病，面临死神威胁，你心急如焚、彻夜陪护，一个通宵就会瘦很多，这是常有的事。也就是说，心中焦虑担忧，即使身体不运动，也会消耗巨大的能量。

我们的专业是化学。化学家认为，在我们周围，森罗万象、一切事物都是由原子构成的。但是，如果让铀的同位素吸收中子，就会释放能量，变为钚原子。另外，当三重氢（氚）与重氢结合发生核聚变，变成氦的原子核时，三重氢的原子核中原有的两个中子少了一个，此时就会释放出巨大的能量。

原子由电子和原子核组成，构成原子核的是质子和中子，而基本粒子又构成了质子和中子。现在随着研究的进一步深入，我们认识到基本粒子还由更小的粒子组成。构成这个世界一切物质的基本粒子，通过核聚变反应可以释放出巨大的能量，因此我认为，我们眼前的森罗万象可以说都是能量的团块。

我想，我们人释放能量最有效的方法，就是一心一意，思索再思索。这个道理恐怕从前的人也都知道。

在投入一项工作时，要发挥百分之百的能量，就必须保持一种极度认真的精神状态。研究进展不顺利，或者外部环境发生各种变化，心灵就会动摇。"做这么看似愚蠢的事情真的对吗？干部们都不理解啊！""最近老是很晚回家，回到家里老婆又要发火了。"一想到这些事，内心就会游移迷茫。在这种时候，就要对自己说："想什么呢？不可沮丧，不能让负面情绪干扰自己。"由自己的意志来保持极度认真的精神状态，这一点非常重要。

应该有效使用潜意识

我又要稍微说一点儿离题的话。我们人有控制自己心灵的方法。为了说明这一点,我们必须思考"我们是谁,自己到底是什么"这个问题。肉体是我们,还是心灵代表我们呢?这样思考问题的人很多。但事实上,两者只是"自己"的附着物,不是真正的"自己",真正的"自己"另有所在。

其证据在于,如果把心灵当作自己,那么我们知道,我们既有依靠本能驱动的心灵,又有依靠理性驱动的心灵。就是说,我们的心灵会对各种各样环境的变化做出反应,会动摇不定。这时候,控制自己的就是"意志"。比如,自己对自己说:"不要唠唠叨叨,不要总是发牢骚、鸣不平,忍耐一下吧!"这就是用自己的意志来遏制动摇之心。

那么如果你问,是谁在使用意志,对着自己的摇摆不定之心说话?答案就是你自己。不是随心所欲,而是"真我"支撑的意志在控制自己。所以不管环境变得如何严峻,不管遭遇怎样的艰难困苦,都要用坚强的意志来掌控自己的心灵，全身心投入工作。必须要有这个过程，我意识到了这一点。

我认为，持续这个过程，是达至成功重要的条件。所以正像我前面所讲的那样，当事人在成为研究者、技术员之前，首先必须具备优秀的人格。这是因为人在用心灵对事物做出判断时，当事人的个性、人品会直接反映出来。性格粗犷的人会暴露出粗犷的一面，导致他判断失误。正因为如此，首先应该教育他，让他养成客观公正判断事物所需要的品格。同时，还要求研究人员在研究过程中，对研究项目具备非成功不可的强烈愿望和坚定意志。

自己具备这样的品性和意志，加上公司干部们某种程度的理解，那么即使是人们认为不可能完成的课题，也应该能够做成。有人认为自己或许能力不够，但是只要具备普通标准的能力，就能成功。为什么能够成功？因为"无论如何非成功不可"，不断地深思，愿望就能成真。

不断地深思熟虑，会发生什么现象呢？就是思考的事物会进入潜意识。这是我经常对公司员工说的。按照心理学家的说法，这个潜意识同显意识是两回事，潜意识平时不会启动且容量巨大。用 IC 的术语表述就是，比较我们平常使用的显意识的比特数，潜意识具备大大超过显意识容量的比特数。换句话说，在神灵赋予我们的能力中，我们意识到从而使用的部分其实非常之少，而平时不加使用的潜意识部分具备巨大的容量。

作为证据，我想大家听到过这样的事情。当某人从山崖跌落，迎来死亡或者经历濒死体验的时候，过去的记忆会像走马灯那样一一在脑海中呈现。在那一瞬间，不是显意识，而是积蓄在潜意识中的记忆，以飞快的速度在脑海中闪过。

虽然我们意识不到,但是我们深思熟虑的东西,都会进入潜意识之中。潜意识犹如一个容量巨大的仓库。当深思熟虑的程度达到启动潜意识的阶段时,会发生什么现象呢?例如,早上醒来或者在做别的完全不相干的事时,会突然出现灵感。也就是说,尽管在考虑与该问题毫不相干的其他事情,但忽然会有新鲜的点子涌来:"啊!原来如此,这么做可能就行!"为了让这样的灵感、点子不断冒出来,就必须学会运用潜意识。

潜意识具备超越我们想象的巨大力量。比如,想做某件事,但当时还缺乏这方面的能力。"如果有这项技术,就可以攻克这道难关。有没有哪位学者能够教给我们呢?"这么想的时候,忽然会想到:"可以去拜访学生时代认识的那位老师,就可能拓展思路。"就是说,弥补自己能力的创意会冒出来。

所有的研究都不能光靠自己一个人的能力,必须借助别人的能力和智慧。在找谁帮忙这方面，自己也会冒出好点子。所以我前面讲到，能力这个部分达到普通标准以上的水平就行了。然后，怎么加强方程式乘法中的第二个要素"热情"或"愿望"是个问题。最后，"思维方式"或"人格"这个要素如何塑造、提升，对于开发创造新事物也是非常必要的。

销售工作也要"创造"

刚才讲到，在决定研究项目时，在一开始设定目标的阶段，应该以超乐观的态度思考问题。如果以悲观态度召开开发会议，研究项目一开始就会搁浅。接着，在计划进入实行阶段时，首先要将悲观要素悉数罗列。要在了解这些困难条件的基础之上，推进研发工作。然后，在研发工作实际展开时，在刚才讲的能力、热情、思维方式这三个要素中除去能力这个要素，另外两个要素的数值如何最大化就非常重要。做到这一点，研发工作就能向前推进并最终完成。

说到"创造的喜悦"，因为我们是搞技术的，那么到课题最终完成，我们就会非常高兴，作为企业来讲却并非如此。确实，作为技术人员，完成研发课题值得高兴。但仅仅完成研发，并不说明对企业的效益已产生了实际的贡献。将研发出来的产品推向市场，能不能畅销才是最为重要的。

我也是技术出身，通过艰苦努力完成了研究课题，就认为大功告成。然而，事情并不是到此为止，必须把做出来的东西拿到市场上去销售，必须做好推销工作。

但是，站在我们技术人员的角度看，销售工作应该很容易,谈不上什么困难。比如再结晶宝石,从着手研究起,这五年间可谓夜以继日埋头研究,连星期六、星期日也不休息,千辛万苦总算将东西做出来了。作为技术人员,我们当然非常开心。但听到销售部门说这东西不好卖,就很失望。我们会想:"比起我们研发的辛劳而言,销售有什么难呢?"但事实并非如此。到现在为止,进行的具体研究这一"硬件"方面的创造固然困难,但在市场营销这一无形的"软件"方面,工作的困难程度并不亚于硬件开发。

这一点,无论是东芝也好,日立也好,哪家企业都一样。在企业的中央研究所研究的课题中经历艰辛做出来的东西,拿到销售部门,销售部长却说:"这种东西怎么卖得动呢?"一句话就否定了,拜托销售部门努力推销,但他们态度消极:"我们认为这个东西不好卖,但既然做出来了,不好推辞,我们卖一卖试试吧。"如果销售部门以这种态度去推销,那么即使好卖的东西也卖不好。所以,在销售产品时,就会出现创造产品时同样性质的问题。

一旦进入正式销售的阶段,马上会碰到各种各样的问题。比如,市场上已有了抢先一步开发的产品;竞争对手也有类似产品,只是在外观或性能上略有差异,等等。虽然听自家的技术开发的人说这个产品很好,但同竞争对手的产品一比,似乎不相上下,所以很难畅销。但是,要把所有这些问题一一列出,思考怎么解决,怎么去有效地推销。同研究人员对待研究中碰到的问题一样,销售人员也必须思考怎么去克服困难。这时候,销售人员的思维方式、人格以及意志等,与研究人员一样必不可缺。

就是说,为了让企业顺利成长、基业长青,必须接二连三地开发出新产品,并且能够大量销售。承担这项责任是企业里技术人员的任务,开发出来的新产品必须能畅销。

就是说，销售新产品，提升业绩，获得利润，研究开发才算完成。因为研究开发出难做的新产品进行销售，理应像创业者开拓新事业一样，有大额的利润进入企业。这才会给企业带来繁荣。所以，创造新产品，然后转给销售部门，并不是工作的完成。在销售领域也要经历同研究开发一样的努力，这一点必须放在头脑里，必须不断地用心思考。

创造市场——再结晶宝石的案例

前面讲到，我们有研究开发再结晶宝石的经验。花费5年时间拼命努力，开始时结晶体总是长不大，后来总算长大了，只可以从中获取1克拉、2克拉的绿宝石。这种六角柱状的结晶体总是夹带杂质，从中切割出绿色的、美丽的部分。在10克拉、20克拉的

创造的喜悦

结晶体中只能取出1克拉、2克拉，这是现状。尽管如此，在宝石做出来时，我还是对从事这项研究的员工说："在中途我曾想叫停，是你们认为这项研究值得坚持下去，成功是靠了你们顽强的努力。"我用这话慰劳他们。

正好，那天有一个京都经济界的会议。我用包药纸将宝石包好了带去。当时有一家名叫华歌尔的专做女性内衣的公司，公司社长冢本幸一同我交情很深。况且，他又是做女性产品的事业家，我想请他看一看这个宝石，听一听他的想法。会议结束，晚餐会时，我拿出宝石给他看。冢本社长大吃一惊，坐在他身旁的艺妓也高声赞叹："哇！太漂亮了！"冢本先生还夸奖说："这宝石太出彩了，你简直是搞炼金术。能够搞出这样的东西，京瓷的股价还会攀升呢。"然后，他说"你借我一颗吧"，他想拿去给他的女性朋友们看。

然而，过了一星期，他来还我的时候却说："这东西根本卖不掉。""为什么？"当我问他时，他说他给女性朋友们看了，她们都说："想把做出这种宝石的家伙杀了。"其中有一位"富婆"持有天然绿宝石，她说我们做出来的宝石一定比天然宝石便宜，这让她无法忍受。她不仅不会买，而且发恨说："要把做出宝石的家伙杀死。"所以，冢本社长向我发出忠告："你应该加入生命保险才好！"

但是，我认为，既然实际做出了这么漂亮的宝石，那么可以类比的是，有名的御木本公司的养殖珍珠获得了巨大成功。因此，没有理由卖不好。于是，我四处营销，但销售天然宝石的门店不肯做这生意。他们回绝说："我们是有历史的宝石店，只经营天然宝石，不做人工的赝品生意。"所谓人工，在日本等同于仿造品。我解释说："这是人工做出的真品。"他们就说："真品就只有天然宝石。什么人工真品这种烦琐的说法，我们听不懂。"我进一步说明："所谓真品，要看它的内容是不是货真价实。天然也好，人工也好，都各有其真品。重要的是实质的内容相同，区别仅仅是天然还是人工，这有什么关系呢？"他们就说"我们越发听不懂你说什么了"，语气中好像我们是不法商人。没有人肯经销我们的宝石。

这样的产品不是根据市场需求研发的，而是出于技术人员的兴趣，是我们一厢情愿来研发的。这是最坏的典型，有时候我会这么想。一般来说，这样的东西只好打入冷宫。到昨天为止还大受表彰的研究人员，现在却受到嘲讽："辛辛苦苦做出卖不动的东西，你们傻吧！"努力顿时化为泡影。上面的干部如果不是明白人的话，像宝石这样的案例，99%会撤退，辛苦了5年却被视为傻瓜。产品被雪藏也不足为怪，因为实在卖不动。

在此过程中，有人表示每个月愿买5000克拉宝石，他们是专靠推销存货为生的人。一看他们的面相，就感觉来者不善。凡是一年到头只想着低俗趣味的人，一见面大体就能看出来。把宝石卖给这样的人，有损公司的体面，不能这么做。但除此以外，没有人买，真让人头痛不已。

这时候，我就想到，计划阶段构想要乐观，实行阶段思考要悲观，这个思路在市场开拓、产品营销方面也应该完全适用。

实际上，当时虽然有所顾虑，我还是派我们的销售部长去拜访了养殖珍珠出名的御木本公司。"这家公司的社长做了一件独创性的事业，这个传统或许一脉相承，同他们谈，可能有希望。"如果他们说"你们做的宝石太好了，让我们代销吧"，那就好了。基于这样的考虑，我派遣销售部长过去。结果事与愿违，"这种人工做的赝品我们没有兴趣"，他们这么答复。"果然一代不如一代了"，我不禁感慨。想当初，创业者御木本幸吉先生做养殖珍珠生意时，也被贬损过，被批判为不法商人，做赝品生意。翻一翻历史就可以知道，御木本先生在日本国内、欧洲被迫打了许多官司，历经千辛万苦，克服了种种障碍，才把养殖珍珠普及开来。但是，他的后代——现在御木本的经营者身上已经看不到当初创业者的挑战精神了。

一筹莫展、烦恼不已，最后我说："那么，我们就自己干吧！"既然研究开发花费了5年时间，那么我们就用同样的思路和开拓精神来展开销售工作吧。

但问题是，对于不特定多数的客户如何推销产品，我们几乎是毫无经验的。我们一直做的是电子工业用的精密陶瓷，卖给像日本电气、东芝等大型电器厂商。在海外，也是卖给得州仪器、GE等特定的大企业，这方面的销售经验、销售渠道我们有。但是，对于不特定多数的一般客户的生意，我们没有做过。针对全世界的电子工业厂商，我们都是一家一家上门直销，所以不需要有多大销售本事的人。而针对一般大众的推销方法我们一窍不通，在流通领域我们也是外行。

更何况，对于最豪华、最时尚、最高端的宝石行业，我们更是一无所知。尽管如此，我还是决定要干。这与前面讲到的思维模式相同，首先决定"无论如何一定要卖"。既然旁人都说卖不掉，那么由我们自己来干，自己直接推销。

但是，经营女性内衣，走在时尚最前列的冢本先生却泼冷水，他说："像你们这些搞技术的人，土里土气、不懂风雅。做这一项事业，要善于挑逗女人的虚荣心，你们干不来，肯定卖不好。"

尽管冢本社长下了定论，我仍然决定要由我们自己来干，但公司里没有一个人出来响应。"社长！这活让我干吧，一定想办法把它干成！"没有人肯说这个话。当时我觉得很悲哀。哪怕一个头脑简单、善于奉承的人说一句"我干"也好嘛，当时我就是这个心情。于是，我就反复强调，只要按照与研究开发相同的思路和顺序去做，销售的局面一定能打开。过了几天，干部中总算有几个人心动了，"这件事可以做成"，他们开始认同。我把其中第一个表态的人提拔为项目负责人，单独设置了宝石销售部门，建立了名叫"绿色月牙"的公司。

这位被提拔的项目负责人出身于京都大学，正好与我同年，是一个热情洋溢的人。他热心投入工作，积极展开销售活动，进展却不顺利。另外，他是半路进入公司的，公司里与我一起创业的干部不信任他："那么轻浮的家伙，花言巧语把社长迷住了，才把宝石销售交给了他。"同时，他的建议也足够大胆："社长，想销售宝石，还是应该在东京的时尚中心地区青山或六本木开店，在银座的并木大道也行。"还什么都没卖动,一点儿眉目都没有,却突然拿来一个时价2亿日元的房产,说应该在这里装修开店。

他还提议:"把爱琴海的翡翠绿沙子用飞机从希腊运来,铺在一侧地面上,营造爱琴海的氛围,再把绿宝石放在那里销售。"我问他:"设计费要花多少?"他说要花1亿日元。我说:"不要干那蠢事,这个钱不能出。"但最终我们还是在银座开了店。因为他经常出这样的主意,公司的老干部们就着急了:"问题可大了,受这个半路进来的人操纵,社长这么轻易就出钱,一定会损失惨重。"公司的其他员工也担心起来。为了打开局面,我们绞尽脑汁、拼命努力,当然很艰辛。不断试验、试错,谁也不相信这事能成功。

从决定自己销售宝石开始到今年正好是第6年,研发花了5年,总共是11年。坚忍不拔,终于初见成效,去年宝石的出货量是50亿日元,末端的零售额是100亿日元。预订今年的目标,出货是100亿日元,末端的销售额是 200 亿日元。现在即使不说是"人工真品",只要讲"绿色月牙"也就有人买了。

令人不可思议的是,本来宝石因为美丽才被称为宝石。过去,并不漂亮的石头因称之为"天然",因物以稀为贵而高价出售,那样粗劣的宝石竟要价几百、几千万日元。而买了这种高价宝石的客人因为生怕丢失,又不敢常戴。我们的宝石品质优秀不用说,而且只要 50 万~100 万日元,价格便宜,又随时可戴,赏心悦目。所以,过去只买天然宝石的夫人们,现在也会先到我们这里选购宝石。

也就是说,我们创造了原来并不存在的市场。这么一说,就有人会说:"创造市场,怎么可能?"但是,我们创造了宝石,为了销售,又花费 1 亿或 2 亿日元在银座、京都四条大道开店销售。但开一两家店成不了气候,而日常的费用每个月都要支付。这时,我就想到从前武将打天下的故事,要向他们学习。

过去,夺取天下的武将从地方上举兵,召集没有打仗经验的百姓,给他们发刀。把女人的裙子系在竹竿上当旗帜,装扮成浩荡大军攻城略地。我想模仿他们,在与宝石毫无关系的人群中展开宣传:"我们现在要招聘愿意销售再结晶宝石的人。"原来从事别的行业的人也可以,我们在各地征集宝石销售人员。原来做天然宝石生意的人反而会有心理障碍,所以我认为,为了创造一个全新的市场,销售人员也必须都是新手。

这么做的结果是,北从北海道起,南到鹿儿岛,现在已经构筑起一个相当可观的代理店网络。因为各个代理商都有各自的客户,所以销售渠道不断拓展。例如,名古屋已有名铁百货商店在销售我们的宝石。高岛屋等大型百货店也提出要求:"让我们也来卖你们的宝石吧。"最近,甚至销售天然宝石的专营店也提出希望代销我们的宝石。

创造的喜悦

像我这样对市场、流通一窍不通的人，也能做成如此梦一般的事业。所以，如梦一般的事情也无妨，首先必须持有无论如何必须做成的强烈愿望，这是最重要的。当然，百折不挠的意志也必不可缺，还需要一定的开拓资金。销售再结晶宝石的费用主要是在银座和京都等地开店时的建设资金，以后就是支付日常工资，其他就没有大笔的费用。在营业方面经过6年的努力，规模已经成长为年销售额100亿日元。在被认为是商业"不毛之地"的再结晶宝石领域，尚且可有如此作为，那么我想，在存在市场的其他领域，任何产品都可能打开局面。

因为我自己是化学方面的专家，所以我想，各个领域都应该有这样的专家。他们具备自信，认为自己是该行业内最优秀的专家，流通行业也应该有这种人。所以，为了销售宝石，我去找流通行业的专家商量。但是，我发现，流通行业的专家只具备销售可卖商品的技术，却没有销售卖不动商品的技术。这一点，说起来意味深长。

我认为，今后的销售团队必须要掌握销售卖不动商品的技术。如果把销售卖不动商品的技术引入流通行业，那么流通行业会发生过去无可比拟的巨大进步，就是说在流通技术中引进独创性。廉价商店和超市系统只是改变了流通的形态，我指的不是这种改变，而是改变发想本身。"想卖但卖不掉的东西，交给我们来卖。"我指的是这种更有独创性的流通。

但是，在现在的流通行业，没有人来卖卖不掉的东西。正因为如此，新的技术开发就会停滞。对于流通行业的一般人，畅销起来的商品他们愿意经销，卖不动的东西他们不肯经销。新的东西、独创性的商品虽然想经销，但是因为世上没有，一开始不可能畅销。从本质上讲，有需求的东西才叫新产品。一出厂就能卖的东西，都是性能上稍作改良的产品，不是独创性的产品。

既然想做独创性的产品，开始自然没有现成的市场。我们厂家要做没有现成市场的新东西，那么流通行业必须有新的旗手来销售这种新的东西。我认为，这应该由创造型的人，就是在研究开发中吃苦耐劳的技术人员来干，这也正是崭新的创造性工作。

蓝宝石单晶体的应用事例

现在我们还在进行人工齿根和人工骨的研究。一般来说，牙齿掉了，或镶假牙，或将拔掉后牙齿两旁的健康牙削小，镶上牙桥。但当牙桥两端的正常牙齿慢慢弱化以后，牙桥就会松动。这样牙桥又要向两旁延伸。到最后，只能把牙齿全部拔掉，装上全口假牙。

针对这种情况，我们有一个更好的办法，就是用蓝宝石单晶体制作牙科用的人工齿根，又叫种植牙。

就是将带有螺丝的蓝宝石单晶体植入颌骨，手术几乎无痛。蓝宝石单晶体是物质中最稳定的，不受酸碱的侵蚀，因此植入人体的骨骼里也无危害。它与骨头的亲和性非常好，与人骨坚固地合成一体，再在上面装上人工牙齿。牙龈上露出一点儿蓝宝石单晶体，看起来好像自动长出来的牙齿。

同样使用蓝宝石单晶体，我们还在做腰关节、膝关节、肘关节等各种产品。今后，其在日本整形外科领域以及大学医院的临床病例中将会广泛使用。

过去，只使用金属或塑料，例如，骨折时用不锈钢钢钉等金属材料固定，等骨头长好后，再做切开手术将金属取出。虽说是不锈钢，但因为人的体液呈酸性，仍会腐蚀不锈钢，所以必须尽早取出。另外，还有使用铬合金的，但因为离子溶解出来对人体不利，也必须尽早取出。如果用塑料一类东西，因为人体具有不可思议的机能，会将塑料分解破坏，就是排异反应。在与自己不同的异物进入时，人体会自动分解它，将它排出，从物理上将它排除。

在研究中我们意识到，没有排异反应，与细胞结合良好，对人体没有危害的物质就是与人体的性质完全相反的精密陶瓷。我认为，人体与精密陶瓷在性质上虽然处于两极，但不是一条直线上的两个极端，而是像圆弧那样的曲线的两极。也就是说，正因为相异过了头，两者反而成了近邻好友。

现在，我们已经在制造人工骨，但这项事业相当艰难。首先，要向医生说明我们的观点，因为医生这个职业属于特殊的专业领域，是一个需要批准和执照的行业。因为我们没有学过医学，所以无论我们怎么解释，医生总是很难信任我们。"精密陶瓷有如此优越的特性，所以应该能行。"如此做理论逻辑上的说明，让医生相信人工齿根和人工骨的可能性，我们费尽了口舌。但结果不错，现在人工齿根和人工骨已广泛使用。

还有开头谈到，我们在美国有7家公司，雇用了约2000名员工，使用的方法也完全相同。在进军美国的时候，我们没有同JETRO和日本领事馆做过任何沟通，就是派遣了两名销售人员赴美，开始推销活动。当然，我也频繁赴美，与他们一起开展销售活动。在活动开展的过程中，有美国的客户提出收购工厂的事情。"请买下来吧。"他们提出这样的要求。本来我们并不想买，但在客户的再三要求之下，我们被迫买下了工厂，不得不经营这个工厂。后来工厂之所以经营成功，也是靠了刚才所讲的坚忍不拔的意志和满腔的热情。

这样努力的结果是，现在在美国已有约2000名员工，销售规模达到2亿美元，成长顺利、业绩灿然。

创造性的意义

时间快到了,我想对今天所给的主题"创造的喜悦"做一个归纳总结。在创造的最初阶段,需要非常乐观、自由奔放,展开想象,要这样来设定目标,不要附加过多的制约条件。

但是,这种目标不能停留在单纯的空想或梦想阶段,必须相信它是可能实现的。这样的话,就会不加犹豫决定要干。当然,这事要符合公司的方针。另外,将来项目完成时有一个核算上是否盈利的问题。公司可以拿出来的研究开发费用的预算也是一个制约条件。应该在考虑这些情况的基础之上,展开自由奔放的想象。依靠自由奔放的想象决定最初目标的时候,或许是研究人员感觉最为喜悦的时候。

另一方面,当目标进入实行的阶段时,巨大的困难会接踵而来。正因为如此,哪怕是超乐观派,也必须保持坚定的意志，经得起严酷的考验，必须具备这样的精神状态。如果干的人缺乏这样的人格，结果将是资金打水漂，一事无成。这样的研究项目一开始就不应该做。

也就是说，在设定目标的阶段可以超乐观，但在付诸实行的时候，必须具有异乎寻常的精神状态，连眼神都要变。一天接一天，研究工作异常苛刻，如果神经不坚强，难免精神崩溃。

我自己就常有神经衰弱、精神崩溃的前兆。为此，必须转换情绪，喝一杯酒舒解紧张的心情。一味研究，不会调节，于健康不利。因为要在修炼场中经历长时间的考验和煎熬，所以必须善于调节自己的情绪，比如去弹珠机店玩一玩。这样，不需要花多少时间和金钱就能放松情绪。这种极为简单的方法是非常必要的。

这种性格的人将自己的意志贯彻到底，研究开发就一定能成功，没有理由不成功。因为相信能够成功，所以会干到成功为止。对于我这种说法，或许有人会嘲笑。从这个意义上讲，相信能够成功，这一点非常重要。

按我说的去做，就能够完成创造的任务，感受到创造的喜悦。

"想"就是最大的能量

最后，为了让大家理解"想"有多么重要，我再说一件事。

16年前是我创建公司6年以后，当时对于究竟如何经营企业，我烦恼不已。我很想听一听优秀的企业家是怎样经营企业的，当时有机会去听了松下幸之助先生的讲演。松下幸之助先生正好是第一次讲他的

"水库式经营",讲演地点在京都银行的大礼堂,听众是京都中小企业的经营者。

听幸之助先生讲话的时候,坐在我身旁的一位先生说:"不久前,松下电器被讥讽为'仿冒电器'[注],原来只是一个毫不起眼的中小企业。最近成了优秀的大企业,经济上有了余裕,所以松下先生才拿'余裕'说事。但我们中小企业经营者正因为没有余裕,才来听讲。怎么做经营才能有余裕,不教我们这一条,说什么都没用。"

幸之助先生的讲演结束,开始问答。果然,我身旁的这位先生举手提问:"确实,如您所说,经营必须要有余裕,这一点我们也懂。但现状是,我们每天都忙于筹措资金,没有余裕。该怎么突破这个困境呢?"这时候,幸之助先生没有发笑,只说了一句:"不!你必须得这么去想。"松下这句话的含义没有人

[注] 松下二字的日语发音与仿冒二字近似。——译者注

听懂,所以会场哄堂大笑。但当时我是这么想的:解决这个资金余裕的问题,并没有什么诀窍,重要的就是要"想",关键就在这一点。"无论如何都要实现无贷款经营",10年、20年持续不断地去想,就能实现无贷款经营。

刚才讲的"想"是最大的能量,就是这个意思。幸之助先生想表达的意思是:"因为我'想'了,所以我成功了。你没有成功,原因极其简单,就是你'想'得不够。"如此而已,岂有他哉。

一想再想,持续不断地想,就会付诸行动。为什么?因为"想"播下了种子,如此而已。当时有几百人在听幸之助先生讲话,但真正听懂的恐怕只有我一个人。幸之助先生的话深刻地影响了我。他想说的仅仅只有一点:"想"还是"不想","信"还是"不信"。只有强烈地想,持续地想,才能成就事业,才能有所创造。

特别是我们搞技术的人,往往好论理,喜欢谈逻辑,对于要"想"这一类有点儿暧昧的语言,往往很难接受。但是今天,我特地从京都赶过来,说了这么一番话。看在这份上,如果大家能够相信我的观点,我将感到十分荣幸。

谢谢大家。

要 点

我们从创业开始到现在,一直是靠"开发、生产、销售新产品"成长发展起来的。所以,创造新事物是我们的看家本领,成了我们的企业体质。不创造新事物,企业就没有发展,这成了我们的基本态势。

○

空想很重要。我认为,缺乏浪漫气质的人,连空想意义上的想象也不能展开,独特性的创造更无法企及。创造就是要"描绘梦想",描绘自己无限的梦想正是创造的开始。

○

在描绘梦想的时候,最重要的是描绘梦想的人以及他的团队,一定要相信这个梦想有实现的可能性。推敲空想的人、描绘梦想的人、思维沉浸在一个接一个的梦想之中的人,虽然知道实现这样的梦想一定会碰到难以想象的困难,但是他们必须相信梦想有实现的可能。对于这个意思,我们用"相信无限的可能性"这句话来表达。

○

在开发产品时,在描绘梦想时,"能够成功""能够做出来",如果不相信这一点,态度就认真不起来。"想做做试试,看结果吧",抱着这种想法决不会成功。"不做不知道,做做看吧",在这种想法之下,不成功的可能性大。

○

在开发新产品的时候，我们请的参会对象是那些具备正面的、积极的、肯定的思维方式的人，以及相信无限的可能性，能够不断描绘梦想的人。我们同这样的人开会讨论，做出决定。

○

在进行创造的时候，空想也行，开始时应该自由想象，要抛弃制约自由想象的消极畏难的思维方式，采取积极肯定的态度，同时，要站在超乐观的立场上思考问题，不受悲观思想的束缚。首先，这一点非常重要。

○

自由地空想，描绘梦想，决定这个项目要干，在进入实行的阶段时，思维就要颠倒过来，需要非常悲观的思维方式。也就是说,这时候需要擅长逻辑思考的理性人物出场。对于将要做的这个项目究竟多么困难,会遭遇怎样严重的障碍,都请他们一一列出。在了解了所有困难的基础之上,开始研究如何克服这些困难,这时又需要乐观思维,需要反反复复试验、试错,将研究开发向前推进。

○

如果此前不将所有负面因素一一列举,那么研究开发的向前推进会变得困难重重,往往决定要干的项目难以完成,只看见研究开发的资金不断被吃掉。因此,又会怪罪到开始发想时不慎重,结果发想就会萎缩,将自己封闭在一个狭小的天地,只会去干一些不需要多大资金,不需要多大能力且不冒风险的项目。

○

在推进研发工作时,课题组长以及跟随他的部下的热情,或者说意志非常重要。除了热情或者意志,重要的还有他们的人格,也就是思维方式,另外还有能力。这三个要素的乘积,即能力×热情(或者意志)×人格(或者思维方式),决定了研究开发的结果。

○

我们在做工作,特别是搞研究开发时,往往会错误地理解,认为能力是最重要的。这是不对的。说到能力这个因素,只要有普通的水准或许就够了,比普通水平高,当然更好。但是比能力更重要的是人格,就是思维方式,还有热情或者意志。我感觉到,这两个要素在成就事业方面,包括研究开发在内,是最起作用的。

○

在将事情引向成功的过程中,人品非常重要。但是,人品虽然对判断力有影响,却对成功本身影响不大。为了让事情成功,意念十分重要。这里讲的"意念"就是前面提到的"热情"和"意志",或者叫"激情""愿望"。"一定要做成这个样子!"这种强烈的愿望、意念才是激励自身积极性的最大能量。

○

在投入一项工作时,要发挥百分之百的能量,就必须保持一种极度认真的精神状态。因为各种各样外部环境的变化,人的心灵会动摇。在这种时候,就要对自己说:"不可沮丧,不能让这种事情干扰自己。"由自己的意志来保持极度认真的精神状态,这一点非常重要。

○

所以不管环境变得如何严峻,不管遭遇怎样的艰难困苦,都要用坚强的意志来掌控自己的心灵,全身心投入一项工作,这个过程非常重要。持续这个过程,是成就事物最重要的条件,所以首先必须具备优秀的人格。这是因为人在用心灵对事物做出判断时，当事人的个性、人品会直接反映出来。

○

研究人员在研究过程中，要对研究项目具备非成功不可的强烈愿望和坚定的意志。加上公司干部们某种程度的理解，那么即使是人们认为不可能完成的课题，只具备普通标准的能力，也能成功。因为"无论如何非成功不可"，当我们的愿望足够强烈时，它就会进入潜意识。当愿望强烈到启动潜意识的阶段时，即使在从事别的完全不相干的事，也会突然出现灵感。为了让这样的灵感、点子不断冒出来，就必须学会运用潜意识。

○

就是说，为了让企业顺利成长、基业长青，必须接二连三地开发出新产品，并且能够大量销售。承担这项责任是我们企业里技术人员的任务，开发出来的新产品必须能畅销。就是说，销售新产品，提升业绩，获得利润，研究开发才算完成。

○

既然想做独创性的产品，开始自然没有现成的市场。我们厂家要做，没有现成市场的新东西，那么流通行业必须有新的旗手来销售这种新的东西。这应该由创造型的人，就是在研究开发中吃苦耐劳的技术人员来干，这也是崭新的创造性工作。

○

研究开发要符合公司的方针。另外，公司可以拿出来的研究开发费用的预算也是一个制约条件。应该在考虑这些情况的基础之上，展开自由奔放的想象。依靠自由奔放的想象决定最初目标的时候，或许是研究人员感觉最为喜悦的时候。

研究开发和海外活动所需要的领导人的人格

在丰田各分公司领导人夏季研讨会上的讲演
——1979年8月23日

从20世纪70年代后半开始,为了应对严格的汽车尾气排放和降低汽车燃费这两项社会性要求,丰田集团正在全力开发新型汽车发动机。另外,为了应对同时期出现的严重贸易摩擦的影响,丰田集团已开始讨论在欧美当地建立生产基地的问题。

在这种情况下,在丰田各分公司领导人会议上,稻盛以"研究开发和海外活动"为题做了讲演。

独创性研究开发的时代到来了

今天,应邀来到日本最卓越的企业——丰田集团,在各分公司领导人汇集的会议上讲演,我感到诚惶诚恐。在各位优秀的领导人面前,应该讲些什么呢?我对此非常困惑。我想,在天亮之前,无论如何也得把讲话内容整理出来。我做了一番努力,但归纳整理还是不尽如人意。我想,我的讲话中可能有难以理解的地方,先跟大家打个招呼,请大家原谅。

今天给我的题目是"研究开发和海外活动",请允许我按照题目的顺序,对我思考的内容做出说明。首先有关"研究开发",讲一讲一直以来我个人的思考。

在1959年创立京都陶瓷公司的时候,我们所具备的技术水平非常之低。当时的实际情况是,依靠创业时的技术,很难做出客户要求的高水平的产品。同

研究开发和海外活动所需要的领导人的人格

时,一个刚刚设立的公司毫无名气,到大企业去推销,即使是重要的电子零部件上需要的材料,大企业也不愿从我们企业购买。这时候只有一条路可走,就是对于别的公司不愿做的、认为做不了的订单,我们鼓足勇气说"我们能做",必须用这种态度来获取客户的订单。这就是当时的实情。

从这一点上看,我们的事业就是挑战的连续,挑战自己似乎做不了的、困难的订单。我认为,正是在这个过程中,我们培养出了今天这种不断向新事物进行挑战的企业风气。

我是技术员出身,学的是化学,一直从事研究工作。说到研究,我认为有各种形态的研究。我最初进行的研究,是外国企业或前辈研究者已经投入的课题,已经有了某种研究"指南"。围绕这样的课题,我进行深入的研究。还有一种研究,就是学术上已经发表、已经理论化的东西,但还没有商品化,针对这样的课题进一步深入研究。

像上述两种研究，都已经有了比较的基准，已经有人在研究。另外还有一种研究，完全没有比较的基准，要求进行独创性研究。

有其他东西作为基准，可以进行比较，这种研究应该说较为容易。因为在研究的推进中，自己研究的方向以及得出的结论是否正确，可以与其他人的研究进行比较，从而把问题弄明白，或者也可以由此修正自己的研究路线。

但是，我认为，没有人研究过的、根本没有研究文献的研究课题，今后会成为最重要的问题。

第二次世界大战后30年来，日本的企业引进、吸收欧美的技术，并不断加以改良改善，提高了技术能力。结果形成了当今世界上最强大的工业生产力，具备了制造高品质产品的能力。但是，我认为，在即将到来的 20 世纪 80 年代，再要从海外引进技术将会变得极为困难，日本遭遇海外企业围攻的时代一定会到来。

设想到这种状况，日本想要在工业生产、工业技术方面维持现有的领先地位，无论如何都必须进行崭新的创造性研究开发。这种研究开发是欧美各先进国家至今还没有做的。我认为，从事这种没有其他比较基准的课题研究的人以及领导这种研究的人，需要在自己的内心设置基准，由此推动研究工作的进展。关于这一点，我想讲一讲我一贯以来的思考。

由"危机感"产生的动机刺激和目标设定

我们京都陶瓷公司在创业时既无资金，也无技术，因此抱有强烈的危机感。同时，无论如何也要守护自己的企业，我们抱有这种强烈的意志。刚才讲到，看起来做不成的、困难的订单，我们斩钉截铁地说"能做"，从而获取订单。这种态度就是从无论如何也要守护、维护企业这种拼命的精神中产生的。

在推进研究开发的过程中，也需要这种强烈的意识。我认为研究开发中最重要的事情就是动机刺激和目标设定。这个问题越是大企业，就越显得重要。

对于创业之初的京都陶瓷公司来说，"这个订单因为能做，所以接受""那个订单因为不能做，所以不接受"，这种选择的余地根本就不存在。因为是小公司，不管什么订单都要接下来，必须把产品开发出来，否则就无法生存。在命悬一线中求生存，就是我们当时研究开发的动机。

现在，我们在经营上有了一点儿余裕，但是考虑到未来，我们仍然充满不安。已经拥有了众多的员工，企业已经膨胀起来，为了今后能够长时期维持好、运行好,"这类研究开发必须进行"。要刺激研究开发人员的动机,让他们具备强烈的危机感。这项研究开发如果不能成功,公司将难以为继。从经营领导人到具体的研究人员,都要清晰地认识到这种危机。

这样一来,刺激研究开发的动机和设定研究开发的目标,就不是"因为同行业别的公司搞了,所以我们也要搞",而是"对于公司而言,这项研究无论如何必须做成""这个项目不成功,企业将没有未来"。动机和目标必须出于这样的危机感。

研究开发工作需要什么类型的领导人

在进行研究开发时,要选择研究人员,那么什么类型的人合适呢?

分配到研究部门的人,一般都是头脑聪明、思路清晰的人。这种性格冷静,能够进行理性判断,而且在专业领域内具备丰富知识和技术的人，适合于刚才提到的"有与他人做比较的基准"的研究课题。也就是说，同行业别的公司已经在研究，或者海外某位大学教授已经提出过研究报告。这种类型的人因为头脑清晰、专业知识丰富，所以适合做这样的研究。

但是，在向谁也没做过到，前人未曾涉足的领域发起挑战的时候，刚才那种标准技术类型的人，就会很成问题。为什么呢？正因为在专业领域内他们太有知识了，所以对于前人未曾涉足的课题，挑战会多么艰难、多么难以突破，他们一清二楚。在目标设定的阶段，他们就考虑过各种各样负面的因素，会遭遇这样那样的困难，成功的可能性是多么渺茫稀薄，他们顾虑重重。

这一点不仅针对研究人员，对于经营者、领导人而言也一样。在这里，他们必须具备的最重要的素质不是科学技术，而是优秀的人格。驱动科学技术发展的是当事人的"心",是他的人格。因此,在进行研究开发的时候,首先需要的也是具备优秀品质,具备平衡人格的人。

我在挑选研究团队负责人的时候,会选择这样的技术人员:性格开朗、充满热情,具备正面的思维方式。他们总是积极向上,虽然初看时有点儿莽撞,被认为性格不够稳重。当然,光是这种类型的人是不够的。但是,首先不能具有负面的思维方式,而应持有正面的思维方式,就是说,研究项目有成功的可能性,首先要相信这一点,必须是这种类型的人。连可能性也全盘否定的人是不行的。至少要相信,只要团队共同努力奋斗,就能够成功。具备成功热情,具备积极向前的正面思维方式的人,我选择其当研究小组的负责人。

然而,这种开朗热情,具备正面思维方式的人,往往不够细致周密。反过来讲,正因为轻率、头脑简单，他们才会天真地相信成功的可能性。另一方面，有思考分析能力的人又不肯轻易赞同我的提议，也不相信成功的可能性。但轻易赞同的人，又有几分粗糙，头脑过分简单。

总之，让这种积极向上，一般被认为适合做营销的人当研究小组的负责人，再把学校里被认为是"秀才"型的人配置在他的周围。然后，对于有热情、积极阳光的人，强烈要求他们谨慎小心，认真钻研学问。同时，对于冷静细致、学者型的人，要不断教育，让他们的态度积极起来。要把这两种人结合起来组成研究小组，展开研究开发活动。

人格决定研究结果

拿我来说，我是研究陶瓷的，大学毕业后进入公司，开始开发精密陶瓷的绝缘材料。在最初阶段，将

研究开发和海外活动所需要的领导人的人格

精密陶瓷的原料粉末混合这一道作业就非常困难,让我大伤脑筋。

在研究中,"将这些粉末混合,在某个高温段进行烧结,就能做出具备如此物理性能的材料",基于这样的假设做实验。但是,当时没有像样的设备,只能使用乳钵,用手将粉末混合。但是,粉末粒子的大小要粉碎到何种程度,多种粉末要混合到何种程度,才能称之为混合,这些都不知道。为了促进固体之间的反应,接触的表面积要大,粒子的直径则越小越好。将粒子直径非常之小的粉末混合,该混合到什么程度才能称之为"混合",这是又一个问题。

现在,在我们的公司里,头脑比我聪明许多的优秀学生大学毕业后来到企业。让他们做同样的实验,有人混合了20分钟,有人混合了1小时,还有人混合了3小时。他们都说:"已经混合了。"查阅学术文献,文献上写着:"将这种成分的粉末与那种成分的粉末相混合,然后用这种成型方式成型,在这种温度下烧制,发生这样的反应,结果就能做出这样的东西。"说得很简单,但实际上仅仅是"混合"这一道工序,就是一个非常困难的问题。

刚才提到,在有别的参照基准的时候,判断就比较容易。比如,花20分钟混合做出的东西与同行业公司相比,或者与海外大学研究者已经做的实验相比。比如,有如下数据信息:混合烧制的东西"具备这样的精密陶瓷结构,具备这样的物理化学特性"。如果我们得出的数据与之不同,那就说明我们的混合工序或者烧制工序在某个地方发生了差错。通过比较,我们可以弄明白"这道工序在某个地方弄错了",就可以追踪到问题的症结。问题就容易解决。

但是,对于从来没有任何人研究过的课题,所能依靠的就只有自己。1小时的混合是真正的混合,还是2小时的混合才是真正的混合?抑或5小时的混合才是真正的混合？这样的问题，只能靠研究当事人来判断决定。

有严重神经质的人在粉体混合时，会显得过分谨小慎微，可能混合了三天四天，还不敢说已经混合好了。本来，所谓完全均匀的混合是不可能的。如果是液体的话，可以有完全的混合体，但粉体不可能完全混合。所以，无论进展到哪一步，都得不出结论，从"混合"这一阶段向前跨一步都做不到。

另一方面，大胆粗放型的人，简单地混合一下就说已经"混合"了。因为无法确认，为了慎重起见，再追问一句："你真的混合好了吗？"他就回答："是的，我可以保证，混合得很好。""花多少时间混合了？""一个小时。""一个小时足够了吗？""足够了，够充分了。"他自信满满地下了断言。讲到这种地步，因为领导人不是这个专业领域的人，也就不继续向下追究了。领导人或者经营者不再向下追究，想"他反正自信十足,那就把事情委托给他吧",就把任务交给了这位当事人。

这样看来,在实验中,当事人持有的人性、人格决定了事情的结果。"混合"还是"没混合",仅看这一个基准,作为排在技术能力之前的问题,研究人员具备怎样的人性、人格会受到质疑。所以,我认为,研究人员的人格或者人性,如果不是一种成熟平衡的、理想的状态,就不能做好研究开发的工作。

大胆不逊的人做研究,出来的研究结果就显得过分"大胆"。而胆小怕事的人做研究,结论就迟迟出不来,研究结果反映了他那颗胆小怕事的心,研究工作也会走样。

自己做的实验发生了错误,如果有别人的基准用来对照,就可以进行判断并修正。也就是说,哪怕数据不多,但有别人的经验可以比较参考,问题就可以解决。但是，如果不是这种情况，那么成败就会取决于研究者"这个人"本身。所以，今后日本的产业界在进行新的独创性研究或者飞跃性技术开发时，我认为，首先应该研究的是，研究开发究竟需要什么样的人格、人性。

研究开发需要平衡的人格

在进行研究开发的时候，即使没有前人归纳详细数据，但只要获得稍许启示，研发成败的情况就会大不相同。例如，"海外某家大企业在这个研究开发项目上，似乎获得了成功。"这样的传言仅仅听闻，就有很大的价值。"美国某大型企业好像用这种方法做成功了。"仅是听到这个消息，该领域的专家或许就会心中一亮："美国企业的成功可能是用了这种具体的方法。""似乎成功了。"哪怕只是这么一句传言，对自己的研究开发就会有很大的帮助。这里并不需要特别谈及优秀人格的问题。某人成功了，只要传来这个消息，那么就会想到，自己之所以不成功，是因为在做法上有错误，只要修正自己的做法就行了。

另一方面，对于没有任何人做过的研究开发，"因为自己没有做成功，恐怕全世界也没人能成功"，人们往往会做出这种错误的判断。失败的原因在于自己的判断基准有错，自己的做法不对，但是却误认为："自己在瞎忙，在干谁也干不成的事。"

像这样，已有人做成的项目，自己没做成，是因为自己缺乏能力，或者是因为自己的做法有误，当意识到这一点时，就能做出修正。例如，只是看到了别人的样品碎片，该领域的专家就能由此受到启示，使自己的研究一举成功。

但是，仅靠这种程度的能力，我认为在今后的研究开发中很难取得重大突破。过去日本的研究者只要做到这一点，或许就可以称之为一流。就是说，即使没有见到详细的报告，只要听说别人先行一步开发成功的消息，就能紧紧追上。这种人能对公司做出巨大贡献，而做到这一点就已经足够了。

但是，从事无人涉足的研究开发课题，好比在漆黑的夜里摸索前行，没有任何可供参考的基准，真正可以相信的只有自己。只能依靠自己手指的触觉，依靠眼睛、耳朵等五官，在黑暗的道路上前行。

在研究工作中，无论是机械领域，还是化学领域、电子领域，实验的结果都取决于用眼睛等五官观察到的实验中发生的现象，以及由此做出的判断。所以，做实验的人如何正确地观察在五官中呈现的现象，乃是左右实验结果的关键。在看到某种现象的时候，是真的"看到了"吗？或者反过来说，忽略的、看漏的现象真的没有吗？这样的观察决定了实验的结果。

因此，对于研究工作，在全身心投入的同时，又必须能够常常虚心地反省，还要拿出勇气向前推进。我认为，只有具备这种平衡人格的人，才有可能在无人涉足的研究开发领域获得成功。

日本大多数搞技术的人都有一个梦想："成为不愧为技术者称号的正宗的技术者"。不懂礼义规矩，一头扎进技术，不修边幅，不讲风采，埋头研究。一般认为，这种类型的人就是所谓"正宗的技术者"，但我认为并非如此。

即使是具有工匠气质的技术者，如果真的想把研究深入下去，那么所有的现象层面上是取得了平衡，还是没有取得平衡，都能看得出来，必须具备这样的"精神结构"。所以，自己的言行举止在所有的事情上都要有平衡的感觉，缺乏这种感觉，卓越的研究开发就不可能成功。

从这一点上来看,具备创造性,能够确立崭新的独创性技术的研究者或者研究团队的领导者,应该具备怎样的人物形象,企业的领导人应该予以探索。不明确这一条,我认为,在日本就不可能孕育出崭新的独创性技术。

潜意识给予不可思议的启示

我再讲一点不可思议的事情。上述具备平衡人格的研究者,不单是出于对技术的兴趣和关心,如刚才所讲,他们还祈愿企业能够长期繁荣。当他们抱着这种强烈的动机投入研究时,在平时具备的意识之上,在这个人的意识之下隐藏的"潜意识"就会变得很重要。潜意识是不是真的存在?要拿出确凿的证据加以说明,我还做不到,但我相信潜意识是存在的。我认为，研究者不能驱动自己的潜意识，真正的研究工作是做不好的。

埋头于某个研究课题，苦恼困惑，24小时都在思考这个课题。无论如何必须成功，始终怀抱这种强烈的愿望，这种愿望就会渗透到潜意识之中。那么，在工作或研究的间隙，在休息的时候或者在想要入睡的瞬间，潜意识就会突然启动。就是说，潜意识24小时都在工作，当意识从眼下的研究脱离的一瞬间，潜意识就会突然给我们启示。

对于这个事实，研究深层心理的人或许很清楚。某位心理学家说，潜意识具有巨大的容量，它是通常意识的几十倍。心理学家利用催眠术让人入睡，引发这个人意识之下的东西。在这种实验中，会发生一种现象，即被催眠的人会说出连自己也意识不到的事实。

研究开发和海外活动所需要的领导人的人格

我觉得，在大脑的某个地方，在通常使用的意识之外，还存在着我们平时不使用的潜伏在通常意识之下的潜意识。为了驱动这种潜意识，就必须具备渗透到潜意识的强烈精神状态。以轻松随意的态度处理问题，没有必要驱动潜意识，所以这时候的愿望不会渗透到潜意识。

也有研究者认为："影响和推动我们行为的不是潜意识，而是心。"就是说，不是在脑细胞里的潜意识，而是当事人的"心"本身支配着行动。

实际上，究竟哪种说法是正确的，我们不知道。但是，我对我们公司的研究人员强调："要怀有渗透到潜意识的强烈愿望。"迄今为止，像我们这样的中小企业，优秀的技术人才和学生不肯进来。我们不得不使用只具备普通能力的技术人员，又必须让这样的人承担新领域的研究开发任务。所以，我一边与他们同甘共苦，一边向他们强调："不单要用普通的意识，而且要让潜意识发挥作用。如果燃烧般强烈的愿望渗透到了潜意识之中，潜意识就会帮我们工作。"

幸运由自己创造

我干的是科学理性、讲究逻辑的研究工作，却又讲这些不可思议的观点，可能会受到大家的批评。研究工作同企业经营一样，有时候运气好不好会决定事情的结果。有一种类型的人，头脑非常聪明，研究似乎进展顺利，但总是得不到最后的成功。而另一种类型的人，头脑并不聪明，却获得了出色的研究成果，取得了成功。我们经常会遇到这样的情况。

在欧美这种国家，思考事物十分重视逻辑。即使如此，作为经营者，除了要具备各种有关能力之外，还有一个绝对的条件，就是他必须是"命强运旺"的人，必须是走运的人。也就是说，即使是十分理性地思考事物的欧美人,也强调运气的重要性。研究开发工作也一样,运气非常重要。

那么,为什么某人的运气好或者不好呢?这是一个非常重要的问题。我的观点或许武断,但我觉得,如果缺乏美丽的心灵,好运就不会追随。我这么讲,有人或许会嘲笑我:"原本请你来讲技术方面的话题,你却讲些像漫画一样不着边际的话。"但是,我是真的这么想的。做着非常好的研究课题,却总是出不了成果,仔细观察这种人,就会发现他的性格气质不大对头。再进一步思考的话,就会发现是他内心的"根性"不好。这种"根性"影响了研究的结果。

能够唤来幸运的人,一定在抱有强烈愿望的同时,具备一颗非常美好的、光明的心。所谓心,或许就是刚才所讲的潜意识。不管怎么说,它引来了好运。好运不是自己跑来的,是人自己创造出来的。

我讲了一些似乎脱离现实的话,但这又是我很切实的感受。

所有领导人都要具备的共同素质

不是模仿他人,不是从别人那里获得启示,而是由自己研究新的课题,这时就要求研究者具备优秀的人格。关于这一点,我讲述了自己的观点。

我想,这样的人格并不只是对研究者而言的,而是所有各个阶层的领导人都应该具备的素质。所谓精通一技者一通百通,研究开发并不是孤立的,并不与其他领域完全隔绝,也不是一个特殊的领域,不要求什么特别的素质。如果有技术者把研究开发描绘成一个很特殊的领域,那是非常可笑的。企业经营者不要让这种冒牌的技术者蒙蔽了自己的眼睛。

确实,科学技术的进步日新月异。个别的专业领域一般的外行很难理解，跟不上节拍。但是，经营者只要与技术人员一起努力学习，把心沉静下来，就能看透事情的本质。我认为，研究开发、技术开发并不是特殊的领域，在这个领域推进研究，获得成功的人，是进入哪个领域都能成功的具备圆满人格的人。

从巨额赤字到高收益——京瓷的海外活动

下面讲"海外活动"的话题。京都陶瓷公司主要的海外基地是美国，在美国我经历了怎样的烦恼，我就来讲这个问题。丰田公司在美国的商业活动规模大大超过我们，所以我的话听起来或许没有什么价值。但是，我们中小企业所做的事情，或许也能提供若干参考。出于这个宗旨，我还是想讲一讲。

京都陶瓷在美国圣地亚哥建立了工厂，但这并不是出于进军海外的战略上的考虑。开始的时候，

赌在技术开发上

我们来到旧金山南边的森尼韦尔市。现在这个地区已经汇集了美国大量的半导体企业，成为硅谷的一部分。周边有库比蒂诺（苹果公司总部所在地）、帕洛阿尔托、山景城、圣何塞等县市，合在一起统称为湾区。我们在这个美国半导体产业集中的地区建立了精密陶瓷的销售据点，正好是十年以前（1968年）。我们从日本派遣员工，又雇用美国人当推销员，一共四五个人，展开营销活动，这就是我们进军美国的开始。

过了两三年，当时是我们客户的仙童公司在圣地亚哥经营精密陶瓷企业，因为经营不善、连年赤字，就开始从我们这里购买产品。他们提议："打算停掉自己工厂的生产，产品从贵公司购买，你们能不能买下我们的工厂？"

在那以前，我一直认为，在美国经营工厂不是不可以干，而是我们还没有能力干。但是，对方恳切邀请:"因为去圣地亚哥是租包机,请您务必一起去看一看。"结果我就去看了工厂。看到工厂的管理混乱,因为是客户的企业,我无意中就提出了建议:"这个部分这么改一改,你们看怎么样?"这么一来,仙童公司又提出强烈的要求:"这样的改造我们自己做不了,还是请您把工厂买下来吧。"结果我们就买下了这家工厂。

条件是工厂的厂房是租用,土地权利不变,只是把设备转让给京都陶瓷。另外,员工全部下岗,库存京瓷不买,只托管放在仓库,动用多少库存支付多少钱。也就是说,用购买设备的形式买下了圣地亚哥的工厂。

后来我从日本派去几名技术人员,但经营得不好,不久便出现了很大的亏损。快到第二年时,赤字越滚越大,派去的技术员们吃了很多苦头,我甚至考虑关闭圣地亚哥的工厂。

但是，现在我们在附近购买了建筑面积 1 万坪[⊖]、占地面积 3 万坪的霍尼韦尔公司的电脑工厂，把第一家工厂搬过去。现在工厂雇用了 1000 名美国员工，企业效益大幅提升。

美国经营管理的问题点

我在美国开展营销活动的时候常常会想，美国人为什么都是如此开朗、友好、够朋友。我们雇用的美国推销员是这样，我们的美国客户也是这样。无论我们去飞兆公司、英特尔公司，还是摩托罗拉公司，都是副社长级别的干部亲切会见，没有什么歧视。所以我感觉美国人直率、爽朗，都是很好的人。

然而，当在美国开始管理工厂的时候，我不免大吃一惊。以前我所交往的人包括推销员、工程师、管

⊖ 1 坪＝3.3 平方米。

研究开发和海外活动所需要的领导人的人格

理者等,都是在某种程度上具备常识的人。就是说,与我们打交道的都是美国人中相当有水平的人。这些美国人非常热情坦率,不歧视别人,使人印象良好。后来我才知道,美国人并非个个如此。

工厂所在的圣地亚哥市决非乡下,这里是美国海军的舰队基地,同时也是一个度假区。很多实业家退休后在这里建起了漂亮的别墅并居住在此,是非常高级的住宅区。在这个地方雇人来运营公司,从清洁工到工厂长,要使用该地区各个阶层的人员。为了管理这家工厂,我们从京都陶瓷总部也派出了技术人员。

只做销售的营业所,所长、推销员、中间商之间的关系与朋友相仿。作为黄色人种的我们东方人,有时地位低一点儿,有时还会高一点儿,总之没有受到欺压的感觉。

但是,在工厂里,人际关系要更加密切。各位也知道吧，美国的现场作业人员在工作时往往很马虎，只要看一看美国车就会明白。只要上司的目光稍稍离开，乱七八糟的零件就会混进去，这种情况经常发生。所以必须对生产现场严加看管，冲压加工也好，品质管理也好，必须不厌其烦反复指导。

但是，在美国的管理方式中，不厌其烦地批评指导下属是禁忌。二战后，我们有一段时间学习过美国式管理方式，当时主张："不能在众人面前批评，这样会挫伤当事人的积极性。批评人一定要把他叫到别的地方。"就是说，不是用批评的方式，而是用表扬的方式来提升人的干劲和积极性。这几乎成了规则，所以在美国很少有在众人面前批评人的情况。

而且在美国，哪怕是很小的企业，也分派系。与日本相比，在美国很容易分出派系。

研究开发和海外活动所需要的领导人的人格

"我不是受雇于京瓷国际[1]的圣地亚哥工厂,而是受雇于那位经理,所以我只对他负责,只忠诚于他。对于 KII,我没有任何感情,是那位经理面试了我,雇用了我,所以我只向他汇报。"所谓"只向他汇报",就是只为这位经理"效劳"。这么一来,很快就会出现派系,派系之间当然会发生争执。

因为有这样的派系,所以不讨人喜欢,就要担心别人下绊子。那么,在众人面前批评人,就会遭到被批评者的忌恨,他就可能下绊子。因为有这种情况,在美国管理者决不会在众人面前批评斥责别人。

但是,我到现场,有时就会批评人。在现场的工人中,有的人根本不考虑不良品会混入合格品中的可能性,有的人在操作过程中,零件散落在地上也毫不在意。连年赤字,经营状况本来就很严峻,再在现场

---

[1] 京瓷国际简称 KII,是京瓷在美国的集团公司。——编者注

看到这种马虎现象，看到零件散落一地，就好像看到钱币扑簌扑簌洒在地上。"你这样不行！工作态度要端正！""你要注意！落到地上的零件就是钱啊！"我禁不住训斥当事人。

我这么做，当时的工厂长就对我说：

"社长如此频繁地来到生产现场，让我十分尴尬。听说，昨天您把落在地上的零件拾起来，整理好。社长做这种事就会丧失权威。不是有社长室吗？您可以端坐在那里，把我叫进去，指示我或者训斥我都可以。"

工厂长虽然这么说了，其实我也批评过他，但散落在地的零件仍没人收拾。批评过几次，他仍不作为，所以我亲自去现场查看。

这样去现场查看，就有一位女工轻蔑地说："东方人果然没有品味，尽管是老板，看起来很神气，却去捡落在地上的零件。原来他只会做比勤杂工稍微高级一点儿的事情。"

虽然有人冷嘲热讽,但如果有人做得太过分了,我仍会在众人面前批评他。这种批评不是对朋友提意见那种客气的批评,一旦批评起来,我就会非常严厉。这样,至今还是良好的人际关系,一下子就破坏了。

白人都有白人的某种优越感吧,受到我的斥责,他们就怒不可遏。在日本老板手下工作,姑且不去说它,这个日本人把我骂得一钱不值,这口气怎么吞得下去,干脆辞职算了。反正我们有自己的派系,"我辞职的话,大家都不会干活了",他们甚至这么威胁我。

有时候,我会说:"反正你同这个公司格格不入,你就辞职吧!"就是工厂长,我也两次请他辞职。有几次我甚至感觉到他们可能会在我回家的路上用枪伏击我，关系就这么紧张。

但是，不批评、不训斥，一切委托当地的管理者，放任他们，就做不出好的产品。正因为不能严格要求，现在的 GM 也好，福特也好，在新车出厂时，"螺丝没有旋紧""关键的零件没装上"这样的怪事屡屡发生。

经营高层明知这种情况，却不采取措施。"这是企业的致命伤，必须想办法解决"，想是这么想，但什么都不能做，这就是美国式管理的现状。

制定企业理念，植入员工心中

当然美国也有经营得非常出色的企业，在我了解的大企业中就有 TI（得州仪器公司）和 IBM。特别是 TI，现在还被称为"得克萨斯之魂"，上上下下团结

研究开发和海外活动所需要的领导人的人格

一心，无论是技术员还是工人，都以"我们是TI人"而自豪。IBM的员工也有这种精神。

在这种情况下，像我们这样的日本企业，简单地雇用美国优秀的管理人员，请他们经营企业，我觉得很难经营好。刚才已经提到，他们这些美国的管理人员会感觉到，东方人当老板，居高临下，是在统治他们。企业经营不是对等的朋友关系，为此，美国人甚至觉得美国受到了侵略，受到了外国人的统治。

这里顺便说一下，在东南亚，当日本企业进去时，也有招人讨厌的情况。东南亚人对日本人抱有敬畏之心，这本来是好事，但日本人因此专横起来，摆起架子，结果就招人讨厌。

另一方面，当日本企业进入欧美时，不知为什么，就会觉得欧美人了不起。所以，日本人要去治理的话，就一定会出现纷争。我们也是历尽艰辛在美国经营工厂，至今一言难尽。日本派去的管理人员同美国出身的管理人员吵起架来，美国人总会争辩说："那是日本方式，这里可是美国，所以应该按美国方式来办。"他们翻来覆去就说这种话。

因为我们是日本企业，所以总是带着日本人的心理，以日本人的思维方式行事。但是真正重要的，不是日本方式好还是美国方式好，而是作为一个国际化企业，必须制定新的企业理念并把它植入到员工中去。这件事做不好，不管你有多高的技术、多大的资本，我认为，真正意义上海外事业的成功是不可能的。

海外事业成败的关键在于领导人的人格

对于如何开展海外事业，有各种各样的争论，但结论同前面讲到的研究开发是相同的。最重要的是，经营管理这个事业的日本领导人，要让所有的美国人，从管理干部到普通工人，都从内心敬服。我开始时不会讲英语，交流发生障碍，但在三年左右的交往中，无论是能力方面、技术方面，还是人品方面，都让对方不得不刮目相看，不得不脱帽致礼。这种让人着迷的、强大的人格魅力，是最重要的武器。就是说，超越人种的差异，超越思维方式以及文化的差异，很自然地获得当地人发自内心的尊敬。只有把这样的领导人放在当地，海外事业才能获得成功。

在海外开展事业同研究开发工作一样，领导人的人格最为重要。派遣人格优秀的人到当地担任领导人，让他们经营管理当地的事业。同时，日本总部也由人格优秀的人来经营。不这么做，海外事业就不可能成功。这就是我们到美国以及欧洲开展事业，在支付大量费用，经历千辛万苦以后得出的结果。这就是我的结论。

众所周知,欧美人不会认错,"是我错了"这句话他们绝不会说。因此,技术上的问题也好,提升生产效率的问题也好,提高成品率的问题也好,无论哪一个问题,技术人员之间的争论一旦开始,彼此都会各执己见,不断重申自己的主张,争论不休。在这种追根究底的争论中,日本人一方因为英语表达方面的劣势,一旦沉默,对方就会以为自己优越、自己的意见正确。因为自我主张强烈是欧美的国民性,所以如果不能让他们心服口服,那么争论就像平行线一样,永远无法交会。

最近,在我们欧美的企业里同在日本一样,我提出要注意的事项,当地的副社长也好,工厂长也好,都开始认真倾听。做不到这一点,就永远达不成共识。而且,当地的员工只要内心感到不服气,就不会轻易妥协让步。但是,长期共事、一起工作,从多次经验中，他们形成了一种想法："因为是那家伙说的，所以应该是对的吧。"我认为，这一点才是京都陶瓷的海外事业顺利进展的主要原因。

"能干经理"常犯的错误

许多事情大家都经历过，或许不必多说，但是在美国经营企业，还有一个问题需要引起注意。

在美国的分公司，光靠日本人经营不行，需要雇用美国经理。而这位美国经理越是能干，就越容易发生一个问题。

像你们丰田这么优秀的企业到当地办厂或许问题不大。但是，像我们这样的小公司，如果雇用了优秀的经理，他们一定会提出"请给我公司的股份"，就是要求获得股票期权。自己作为公司经理，努力提升了业绩，企业股价上升。如果拥有股份，就能得到比工资更高的报酬，所以他们要求股票期权。最近由于税务制度的改变，股票期权的价值下降了，他们的要求不像过去那么强烈了，但他们仍然会提出这种要求。

这样的人当了经理，开始时他也会拼命努力。但是如果经营情况不好，感觉束手无策，他们反而会大手大脚用钱，造成很大的赤字。过了两年，他们觉得"在这里吃苦耐劳、努力奋斗，但自己持有的股票价格上不去，所以再在这家公司长期干下去，没有多大意思了"，于是就会提出辞职。结果拿了公司的工资，浪费了公司的资金，留下大额赤字，辞职而去。

而且，当日本派去的员工提出意见、建议时，他会说"委托给我就行了"，充耳不闻、独断独行。所以，此人辞职后，他过去干了些什么，谁都不知道，留下一个大窟窿，收拾残局又要花一大笔钱。

研究开发和海外活动所需要的领导人的人格

反过来,当经营比较顺利时,他就更加关心自己的报酬。作为公司来说,需要有长远的打算,需要不断做出利润。但因为他自己持有股份,股价上涨等于自己收入增加,所以他只把眼前利益放在第一位。"现在要先行投资,三年以后事业就会大大发展。"这种长远的事情他不会考虑,只追求眼下一两年的短期利益,把利润挤尽,今后没有利润也罢。而利润一出来,就提出"多涨工资,多发奖金"。更有甚者,会大言不惭地说:"是靠了我,公司才做得这么好。如果不给我多涨工资,我就要辞职。现在我持有的公司股票价格已涨了三倍,请公司付三倍的价格买去。"

经营不好时要辞职,经营良好时也要辞职。如果是日本人,就会想"这是一个好企业,我要长期干下去,努力工作"。美国经理没人这么想,这个问题至今还困扰着我。

经理的待遇在经营效益好的时候,当然会提高。

但是一旦经营困难，他们就会考虑"赶快把股票卖掉，去大溪地、巴哈马等旅游胜地开开游艇，玩个痛快"，很快就辞职。这样，公司只能再雇靠不住的经理。这就是现在我们在海外面临的最困难的问题。

在这个过程中，像我们在日本做的一样，为了让美国经理同企业一起成长，我们正在不遗余力地传授我们的思维方式，也就是企业哲学。

以上就是我们现在海外事业开展的情况。今天的讲话到这里结束，谢谢大家！

要 点

[研究开发]

刺激研究开发的动机和设定研究开发的目标，就不是"因为同行业别的公司搞了，所以我们也要搞"，而是"对于公司而言，这项研究无论如何必须做成"

研究开发和海外活动所需要的领导人的人格

"这个项目不成功,企业将没有未来"。动机和目标必须出于这样的危机感。

○

在设定目标,一起决定研究课题,并挑选研究团队负责人的时候,我选择这样的技术人员:性格开朗、充满热情,具备正面的思维方式。连可能性也全盘否定的人是不行的。至少要相信,只要团队共同努力奋斗,就能够成功。具备成功热情,具备积极向前的正面思维方式的人,我选择其当研究小组的负责人。

○

在实验中有充满自信的人或者小心谨慎的人,当事人持有的人性、人格决定了实验的结果。作为排在技术能力之前的问题,研究人员具备怎样的人性、人格会受到质疑。所以,我认为,研究人员的人格或者人性,如果不是一种成熟平衡的、理想的状态,就不能做好研究开发的工作。

○

从事无人涉足的研究开发课题，好比在漆黑的夜里摸索前行，没有任何可供参考的基准，真正可以相信的只有自己。只能依靠自己手指的触觉，依靠眼睛、耳朵等五官，在黑暗的道路上前行。

○

因此，对于研究工作，在全身心投入的同时，又必须能够常常虚心地反省，还要拿出勇气向前推进。我认为，只有具备这种平衡人格的人，才有可能在无人涉足的研究开发领域获得成功。

○

如果真的想把研究深入下去，那么所有的现象层面上是取得了平衡，还是没有取得平衡，都能看得出来,必须具备这样的"精神结构"。所以,自己的言行举止在所有的事情上都要有平衡的感觉,缺乏这种感觉,卓越的研究开发就不可能成功。

○

埋头于某个研究课题,苦恼困惑,24小时都在思考这个课题。无论如何必须成功,始终怀抱这种强烈的愿望,这种愿望就会渗透到潜意识之中。那么,在工作或研究的间隙,在休息的时候或者在想要入睡的瞬间,潜意识就会突然启动。就是说,潜意识24小时都在工作,当意识从眼下的研究脱离的一瞬间,潜意识就会突然给我们启示。

○

能够唤来幸运的人,一定在抱有强烈愿望的同时,具备一颗非常美好的、光明的心。所谓心,或许就是刚才所讲的潜意识。不管怎么说,它引来了好运。好运不是自己跑来的,是人自己创造出来的。

○

研究开发、技术开发并不是特殊的领域,在这个领域推进研究,获得成功的人,是进到哪个领域都能成功的具备圆满人格的人。

[海外活动]

日本企业总是带着日本人的心理,以日本人的思维方式行事。但是真正重要的是,作为一个国际化企业,必须制定新的企业理念并把它植入到员工中去。这件事做不好,不管你有多高的技术、多大的资本,我认为,真正意义上海外事业的成功是不可能的。

○

开展海外事业最重要的是,经营管理这个事业的日本领导人,要让所有的美国人都从内心敬服。无论是能力方面、技术方面，还是人品方面，都让对方不得不刮目相看，不得不脱帽致礼。这种让人着迷的、强大的人格魅力，是最重要的武器。开展海外事业，要超越肤色超越思维方式，以及文化的差异，很自然地获得当地人发自内心的尊敬。只有把这样的领导人放在当地，海外事业才能获得成功。

○

在海外开展事业，领导人的人格最为重要。派遣人格优秀的人到当地担任领导人，让他们经营管理当地的事业。同时，日本总部也由人格优秀的人来经营。不这么做，海外事业就不可能成功。

奋斗的中小企业的销售战略

在日本青年会议所经营开发研讨会上的讲演
——1979 年 9 月 7 日

　　1979 年度日本青年会议所经营开发研讨会于 9 月 7～8 日举办了两天。稻盛在 7 日的会议上以"奋斗的中小企业的销售战略"为题做了讲演。
　　稻盛列举了五项销售战略，强调了有关销售的哲学的重要性，论述了为获得客户尊敬而深化哲学的必要性。

世界通用的销售条件

日本青年会议所（JC）的朋友要求我在今天的研讨会上讲话。我想，我是技术出身，讲销售战略对我是一件难事。这次接受委托，是希望对于背负日本未来的年轻经营者们有所帮助。但是，在接受委托时不清楚要讲什么主题，后来一看会议程序，才知道题目是销售战略，这就让我为难了。自己没有这方面的智慧，只好绞尽脑汁。我想，你们听起来，会有难以理解的地方，在这里先打个招呼。

自我创建公司已经过了20年，今年进入第21年。现在我们的国内员工总数已有3700名，今年总部的销售额预计为700亿日元。除国内拥有子公司外，海外在美国建立了最大的据点，有我们100%持股的子公司"京瓷国际"。以此为中心共有五家子公司，其中四家在加利福尼亚州，另一家在北卡罗来纳州。五家公司都从事生产销售活动，产品品种很多。现在员工已有1900名，今年的销售额预计为18 000万美元。我考虑，今后在政治、经济、社会形势最稳定的美国，应该尽快建立与日本京瓷规模相同、收益性相同的公司。我们公司的现状大体如上所述。

问到我们究竟有没有所谓的销售战略，我想我们并没有多好的战略。但是，自从20年前建立公司以来，到现在我们一直在销售产品。细细地回顾过去，说一说过去我们建立了哪些销售战略，我想可以为在座各位的企业经营提供参考，所以我想按顺序展开话题。

搞好销售，产品质量好，价格便宜，严守交货期这三个条件很重要。这些条件的重要性是世界通用、毫无疑义的。当然，除此之外，还有其他诸多要素，下面我会讲到。

赌在技术开发上

销售战略之一：首先把公司的名字向社会渗透

第一条就是要把公司的名字向社会渗透。当公司设立时，因为我是技术出身，所以首先要把我研究开发的成果商品化，进行销售，公司名称定为"京都 Ceramic"（京都陶瓷）。最初，我曾考虑把公司名称定为"日本 Ceramic"或"东洋 Ceramic"。但是出资者是京都人，他说"我来出资，公司名称中加进京都两个字吧"，等将来公司有了名气，再把公司名称缩短。这样的话，后来公司名称就成了"京 cera"㊀。当时正好流行 que sera sera 这首歌，如果叫"日 sera"或"东 sera"没关系，而叫京瓷（Kyocera）感觉上同"que sera sera"雷同。本来 ceramic 这个词一般就不使用，公司名称定为"京都 Ceramic"，讲给客户听，客户当然不知道是什么公司。到日本的企业去推销产品，对方往往不予理睬，经常吃闭门羹，让我们大伤脑筋。

㊀ 译成京瓷。——译者注

从这个痛苦的经验看来，公司名称作为商标在世间流通，这应该是在考虑销售战略之前的问题，但公司名称非常重要。诸位在经营中小企业，恐怕你们中间也有为这个名称困扰的情况。

还有，在拜访客户时，对方问："你们生产什么？"当回答"ceramics"时，对方就会问："ceramics是什么？"当回答"是烧结物"时，对方就会说："烧结物不就是饭碗、茶杯之类的吗？"自己生产的东西是世上没有的、特殊的东西，产品名称非同一般，这在销售时会成为一个非常困难的问题。

社会知道你的公司名称和产品名称，虽然感觉笼统，但已经代表一种信用。我们的公司在一开始时却没有这种信用。在这种情况下，我想诸位可能也一样，一般来说会请亲戚朋友或前辈从中介绍，去敲客户的门，但这不是自己真正有信用。因为自己贸然上门，会被拒之门外，所以只好请人做中介。进了客户的门，对自己公司的情况做说明，从这里开始推销。

这是一般的情况，但就我而言，能为我做介绍的亲戚朋友很少。我的父母出生在鹿儿岛，我从鹿儿岛大学毕业，在京都没有亲朋好友，常常让我一筹莫展。去日本电子工业的大企业介绍我们生产的电子工业用特殊陶瓷，尽管费尽口舌解释这种材料的性能多么优越，它们却无动于衷，不肯购买我们的产品。

这时候，我考虑，先设法把产品卖给美国企业。日本的电子工业企业战后能有今日的发展，全靠从美国引进技术。东芝、日立不用说，大大小小许多企业都从欧美先进国家引进技术，这才营造了今天日本的电子产业。

当时，这种动向正好刚刚开始。在日本这个国家，企业要有较长的历史以及在历史中培育的传统，才能取得客户的信任。像我们这种刚创办的企业，不管如何努力推销,客户还是不理睬我们。这时候,我考虑,如果能让美国的企业使用我们的产品,那么从这些美国企业引进技术的日本电子工业企业也一定会使用我们的产品。

于是,说干就干,我赴美国推销产品。但是,我对美国的市场一无所知,也不知道从何下手,又不会讲英语。理所当然,产品卖不出去,到处碰壁,很是狼狈。我记得,当时我一边流泪,一边提着包着样品的包裹,一次又一次辗转美国各地。

与在日本一样,我努力推销,很幸运总算有了回报。这是因为在有悠久历史的日本,企业能够长期持续生存,才是伟大的标志。而美国是一个历史不长的国家,比起企业的历史长短,美国更看重企业能否在短时期内出类拔萃。

在这一点上,对我们中小企业,特别是技术创新型企业来说,美国是一个非常合适的地方。实际上,我们京都陶瓷公司不久就获得了得州仪器公司以及其他大型电子工业企业的认可,它们购买了我们的产品。这就产生了很好的影响,日本企业也开始使用我们的产品,结果我们的销售额就逐步提升。

所以,中小企业销售战略的第一步,也许还不配称之为战略吧,必须将公司名称作为商标让市场认知。但是,一开始时,公司毫无知名度,很弱小,当然没有钱来做广告宣传。这时候必须想方设法努力提高公司的知名度。我们碰巧让美国的先进企业用上我们公司的产品,由此让日本的企业也知道了我们公司并采用我们的产品。当然最快的办法是请熟人前辈当中介。但这个中介人的人品非常重要,如果请了一个不靠谱的人,客户不仅不会相信我们的产品,甚至会怀疑我们的公司。总之,不管怎么说,要让客户知道我们的公司名称,这首先就很重要。

销售战略之二：具有非常快速的开发能力

第二是要具备在短时间内开发产品的能力。因为我们的产品是精密陶瓷，所以会说"我们拿来的是电子工业用的精密陶瓷材料"。当我们去企业推销时，要看客户是不是正好需要，就是说，是否符合客户当时的需求是最重要的。不合需求人家当然不要，而符合需求的东西，我们未必手中齐备。特别是中小企业、新办的技术创新型企业，手中不可能样品丰富、应有尽有。因此，我们到企业推销时，客户偶尔会说："如果你们能够马上提供这样的产品，我们可以采用。"这时候，我们能否抓住这个机会就非常重要。我们手头的产品不符合客户的需求。而客户提出新的需求。如何在短时间内赶上并满足客户的需求这个简单而又困难的问题，对我们而言极为重要。

这个问题用另外一种方式表达，就是"技术开发能力"问题。如果缺乏快速开发能力，那么好不容易由熟人前辈介绍去人家企业推销，生意还是做不成功。所以当客户提出新的需求时，在理解了客户的需求后，我们必须说："如果交给我们做的话，只要给我们这么一段时间，我们一定能把它做出来。"本来就是默默无闻的小企业，客户也不把我们当回事。如果不能迅速抓住这样的机会，就什么事情也做不成了。

事前备好客户需求的全部产品，是件困难的事情。在这种不完备的体制下，要将客户提出的需求作为机会，借此发展企业。为此，小企业要有小企业的灵活性。为了快速满足客户的需求，尽快将产品做出来，这种开发能力无论如何都是必要的。

销售战略之三：持续提供比别的公司更优秀的产品

第三，我一开始就提到，首先就是产品的品质优良，这是先决条件。不管构建了多么高明的销售战略去推销产品，如果产品的品质不良，客人绝不会买。产品的品质至少要比别的竞争对手优良。同时，不管哪一种品质优良的产品，必须按客户的要求持续提供，否则销售工作不可能顺利展开。

销售战略之四：在市场上有竞争力的价格

第四是价格。我的方针是，我们提供的价格要比其他竞争对手便宜一点儿。

过去，在定价时，我们一贯强调："针对市场价格，我们的价格要有足够的竞争力。"今天讲演的题目是作为工业企业的中小企业的销售战略。工业企业在一般情况下，都是用累加的方式决定产品价格的。也就是说，材料费是多少，制造费是多少，一般管理费、销售费是多少，利润定多少，然后相加来决定价格。

我们虽然也属于工业行业,但我们完全不采用这种方式。我认为,价格是依据自由竞争的原理,由市场机制来决定的。针对这样的市场价格,我们要拿出有竞争力的价格,就是比同行业的竞争企业便宜一点儿的价格。

我认为,利润这个东西不是追求得来的。我们公司的思维方式是,产品价格由市场机制决定,对此我们要拿出有竞争力的价格,就是比其他公司略为便宜的价格。在这样的价格之下,如何用最低的成本把产品做出来,我们的技术人员会全力以赴。在这里,不加入任何的固定观念,就是说材料费占百分之几,人工费占百分之几,各种经费占百分之几,这样的固定观念统统排除。

与客户交涉时,客户委托我们:"请做这样的产品。"我们做出承诺："我们提供这样的产品。"然后，我们在规格书中写明品质水准及有关参数。这样，在确定的价格之下，在满足品质保证的条件之下，我们思考如何用最低的成本生产制造。价格由市场机制决定，为了生存下去，剩下的问题就是如何降低成本。为此，我们的作业就是从材料费开始，所有的费用如何最小化。我们认为，这样的作业才叫作生产制造。换句话说，材料费是多少，各种经费是多少，不受这样的固定观念的束缚，所有的制造成本都要最小化，我认为这样的作业就是我们技术人员的工作。

因为卖价已经确定，把成本做到最小，这二者之间的差额就是利润。所以，利润多少才算合理，我们没有这种观念。就是说，我们的作业是如何让成本最小化，所以"利润是百分之几为好"，这样的概念我们没有。

我观察别的公司，觉得不可思议的是，"销售利润率达到10%就非常好了""7%~8%就算不错了""5%的话就吃紧了",他们就是这么思考问题的。看看同行业别的公司或者在附近的公司兜一圈,就觉得自己还不错:"人家的利润率是8%,我们是9%,还比人家强一点儿。"就是说,他们是按照社会上的常识进行经营判断的。

但是,我们认为,制造成本最小化这个作业本身才叫制造。其实,这么干的绝不仅仅是我们,各位无意识中也在这么做。

例如,看一看电子工业产品就能明白。彩色电视机的价格不变,但性能每年提高,品质也每年提升。同时,人工费每年上涨,但产品价格却不上升。相反,同几年前的高价格相比,现在的价格反而下降了许多。人工费上涨,材料费上涨,成本当然会上升。但由于人的努力降低了成本,利润仍然保持在一定的范围之内。这里发生的现象非常奇妙,其实真理就隐藏在这里。人工费上涨，材料费上涨，所以零部件的价格也要水涨船高。我认为，抱有这种思维方式的人，一般水平的经营也许能维持，但他无法进行高水平的企业经营。

定价即经营，定价是领导人的职责

有竞争力的价格、比竞争对手便宜一点儿的价格，这是必要的，我谈到了这一点。在我至今为止的经营中，特别是最近，我切实地感觉到定价是极其重要的事，可以说定价就是经营。我在公司内部经常讲："定价即经营。"

例如，根据市场价格，考虑到与同行企业竞争，价格就要比它们便宜。那么，要便宜多少才好呢？我认为，这个问题不是一个销售人员可以决定的事，也不是销售部长决定的事。定价应该是领导人来决定的事。定价就这么重要，但缺乏这种意识的人非常之多。

定价其实是件非常困难的事。相对于市场价格尽量便宜的话，或许可以大量销售，但是利润率很低。相反，价格不便宜，与竞争对手相同的话，利润率是高了，但数量卖得不多。究竟是厚利少销还是薄利多销，说起来虽然很简单，但是把赚头压缩多少，就能卖出多少，却是一个未知数。从道理上讲，销售量乘以利润率等于利润，要追求这个利润的最大化，但因为各种各样因素的介入，并不能简单地得出一个答案。

把价格降低以求大量销售，这当然有一定的道理。比起这种薄利多销的辛苦做法，卖得少一点儿，但赚头多一点儿，也是一种方法。依据价格与销量的不同，有无数种选择，选择其中的哪一种，应该由企业领导人来决定。这不是让一名销售部长决定的事。

把这件事交给销售部长,后来又说"我们公司销售得不理想",这样的经营者非常之多。该把企业引向什么方向,为此应该如何定价才对,他们并不明白。

今天因为时间不多,不能展开细谈,但价格应由企业领导人决定,"定价即经营"这一点请不要忘记。

生意能否做成,由经营者的思维方式决定

如果画出卖者和买者双方的关系图,那么卖者总想价格高一点儿,利润多一点儿,而买者总想价格低一点儿,由此增加自己的利润。也就是说,哪一方都想增加自己的利润,因而双方处于对立的状态。我们可以理解为,这就是商业行为。卖方想不断扩大自身的利益,为此提升价格的话,买方就会觉得自己的利益遭受了损害。

例如,使用我们的零部件,某种电脑可以装配

了，但当我们的零部件涨价时，将其用到电脑上，客户的利润就会减少。而客户希望使用我们的零部件能不断增加自己的利润，这就会发生冲突。

"那个家伙很会销售""很有销售才能""销售得很顺利"，我们常听到这样的话。那么怎么才叫有销售本事呢？并不是说销售的量多就了不起，只有把买卖双方如何分享利润这个矛盾处理得好的销售人员，我认为才是真的了不起。如果我们的零部件不能让客户获取其期待的利润，他们就会说："你们的零部件我们不采用了。"卖方一味想自己获利，把价格抬得很高，结果就会碰壁，客户不买了。

只想增加自己公司的利润，以致价格超出了客户接受的范围，客户当然会拒绝。"你们的产品我们不用了，从别处买更便宜。"客户会这么说。另一方面，价格下降，客户获利增加，我们做了等于白做，那生意也无法持续。

因此，做成生意需要各种条件。在诸多条件中，以怎样合理的价格取得订单，这要看销售人员的本事。拿一个大大低于市场价的价格获得了大量订单，有人因而高兴："我拿到了订单。"但这不叫营销，因为这样拿来的订单赚不到钱。以什么价格签合同，这是非常重要的。

我虽然这么说了，但只是一味追求自身的利益，总是在客户允许的最高限度获取订单，时间长了，客户就会觉得"不管怎么考虑，那家伙的价格总是太高"。客户就会离去。短期内我们是获利了，但长期看我们并没有获利。反过来讲，一味降价，出现亏损，生意也做不下去。

所以，什么价格才是最合适的，这个问题应该由企业领导人决定，而且如何定价取决于领导人持有的哲学。性格扭曲的人会决定一个扭曲的价格，而性格软弱的人会决定一个软弱的价格。软弱的经营者一年到头受客户的欺负，导致企业破产。性格扭曲的经营者经常欺骗客户，以致丧失信用，最后也导致企业倒闭。

结果就是，按照什么来定价，由领导人的哲学或者人品决定。我前面讲到定价不能委托给销售部长，道理就在这里。

诸位社长在定价时，如果因为性格软弱导致企业破产，那就是你们的器量问题、心灵问题，是你们所持有的贫弱的哲学招致的结果，所以结论很清楚。不仅如此，自己只具备贫弱的哲学，把定价权交给哲学更加贫弱的销售部长，而在企业破产时又说"是销售部长那家伙坏了事"，那就是岂有此理了。

经营这件事就是由经营者的心灵，也就是经营者所持有的哲学来决定的。常有人说，经营是艺术。但正如刚才所讲，仅从定价这一点看，它就是一个平衡的问题。性格扭曲的人固然不行，但性格软弱的人也不行。那么，怎样的人才行呢？那就是同时具备两种极端性格的人，必须具备豪爽的一面，又具备细致的一面。当然，同时具备这两种互相对立性格的人少之又少，但多少必须具备这样的平衡。我们看绘画、雕刻，缺乏平衡感的东西不成为艺术。我认为，经营企业就是由经营者的心灵、哲学所主宰。

就是在技术开发领域，我也经常谈到这一点。哪怕是技术特长非常突出的人，如果他的人格不好，也绝不可能把技术开发工作做好。这是我一贯的观点。

销售战略之五：建立体制，保证客户要求的交期

第五是交期。这一条大家都懂，就是在客户需要的时候及时供货。但是，把这一条做到完美的企业非

常之少。构建一个体制，在客户需要的时候将产品及时交到客户手里，这个体制的建立很困难。但我认为，建立这样一个完美的体制极为重要。

销售的基本姿态就是对客户服务彻底

我们把上面讲的内容归纳一下。第一，因为中小企业的公司名称不为人知，所以要努力让客户知道公司名称。第二，当与客户打交道，有销售机会，但现有产品不符合客户的需求时，在短时期内开发出客户需要的产品，这种开发能力非常必要。第三，为了把生意顺利做大，能够持续供应质量稳定的产品，这种能力非常必要。第四，为了在市场竞争原理所决定的市场价格内胜出，必须维持比市场价稍稍便宜一点儿的价格。第五，必须构建一种体制，保证在客户需要的交货期内及时向客户供货。

那么，做到了以上几点，中小企业的销售战略就足够充分了吗？不是。做到上面几点不过是一般水平，我认为最重要的事情，前面已经几次涉及了，就是销售的基本思维方式和基本姿态，换种说法就是基本哲学。要贯彻好上述五个战略，有关销售的基本哲学非常重要。

所谓基本哲学，用我的话来讲就是："销售就应该成为客户的仆人，就是 servant。"自创建以来，公司一直是销售我所研究和制造的产品。在销售时，我们一直心甘情愿充当客户的仆人。当仆人并不是勉强被迫，不得不当，而是我们乐于充当这种角色。现在我仍然是这么想的。如果不是高高兴兴、心甘情愿充当客户的仆人，那么我认为，不管建立了多么出色的销售战略，仍然如纸上谈兵，绝不可能获得成功。

当好客户的仆人，当然就要彻底地为客户奉献。但是，关于价格和品质不可能彻底奉献。价格方面要彻底奉献，只有不要客户的钱。这样的话，事业不可能成立。不管想要以多低的价格向客户供货，因为有制造成本，低价是有限度的。品质方面要彻底奉献，就要保证满足客户的过度要求，这方面也有限度。但是，保证交期与价格、品质相比，还是较为容易做到的，可以做得更彻底。还有，我们与客户接洽的态度，不管怎么诚恳、怎样尽心，也不会增加成本。因此，我们强调"对客户要绝对地、彻底地奉献"，用这种态度做好销售工作。

虽然说在价格和品质方面不可能无限度地满足客户，但我们又总是相信我们有无限的可能性，并追求这种可能性。"从这个价格上再往下降，那是不可能了。"但一旦客户提出要求，我们就会千方百计颠覆以往的概念，再次进行挑战。品质问题也一样，即使认为品质更高的东西做不出来，但是一旦客户提出要求，我们就会想方设法彻底追求品质的提升。

彻底奉献客户，或者说心甘情愿当客户的仆人，这样的态度实际上在许多场合正在淡化。虽然口头上还在讲经营中要"把消费者当皇帝"，但事实上并非如此，重视客户的姿态正在被废止。

举个例子，注意一下最近的零售商店，一到下午5点，大家就都把卷帘门放下了。不久前，商店还开到晚上7点，最近5点就关门了。其实，文明发达的程度不同，关店的时间也不同。去到发展中国家，关门的时间是很晚的。在文明发展程度较高的地方，关门的时间就早，我们看到了这种现象。

日本也是这样，过去商店开到很晚，现在打烊很早。比如由父子数人经营的中小企业，一般下午5点关门，但不惜辛苦，开店到晚上8点，这是很劳累的。"人家的店、附近的店都是下午5点关门，再收拾一下，一家人就能围着饭桌共进晚餐了。我们一副穷相，店开到很晚，也没几个客人来。而一有客人来，我们只能站起来，吃饭也只好草草了事。这样做太不划算了，与其如此，还不如早早关门为好。"这么一想的话，就同别家一样，下午5点关门。彻底奉献客户就能增加利润，心里明白这一点却不能实行，结果就失去了干劲。

怎样才能从20世纪80年代活到90年代，这是今天会议的主题。答案其实很简单，大家不做的、没能做到的事，认真去做就行了。大家到这里来学习，听了一些貌似有理的意见，梦想走捷径，结果都不妙。有这个闲工夫，还不如每天认真做事，对自己的工作精益求精，这样的话，不管哪个时代都能生存下去。

不管时代如何变迁，经营的原理原则岿然不动

不管什么时代，经营的原理原则都是不变的。原理原则不是可以轻易变动的东西。当然环境条件在不断变化，但是自己持有的经营理念却不可以随便改变。环境条件发生了巨大的变动，在这一过程中如果连自己基本的经营理念都要改变，那么企业该向何处去，就会迷惑不清、动摇不定。

京都有一家出租车公司叫作MK的士。一般乘坐出租车，客人说了要去的目的地，司机却板着面孔不作声，这种现象司空见惯。但是，MK的士只要客人一上车，就会亲切地说："欢迎您！您去哪儿？"客人告诉了去处以后，司机一定会说声"谢谢"。这种态度是做生意最起码、最初步的礼仪，是理所当然的事情，但仅仅是这一点，别的出租车公司却做不到。只因为做到了这一点，MK的士的业绩不断提升，效益超过了所有的出租车公司。其实这还谈不上彻底的奉献精神，但只因为实行了这一点，就与别的公司拉开了差距。在此基础之上，再加上彻底奉献的精神，销售就会顺畅、强而有力，要向各位购买产品的客人就会增加。

还有，我虽然知道得不详细，但最近的倾向是餐饮行业发展得很快，我想这是好事。可是，现在吃一碗阳春面要花200日元。一碗阳春面要价200日元，我就有疑问，一份面条的成本现在也就30日元左右吧。关于汤料，也不会去用高级的鲣鱼，至多用些小杂鱼。再用点儿酱油等调料，面下好了在上面撒一点儿葱末，也不过几十钱（不到1日元）。服务好的店家还会放少许鱼糕，鱼糕也会切成薄得不能再薄的薄片放在面条上面，这样就要200日元。如果上面再加一点儿油炸什锦或油炸豆腐，就要加价100日元，变成300日元。我觉得这个价钱是很高的。

美国的餐饮行业中如麦当劳或肯德基那样的连锁店，类似日本的乌冬面店，虽然开在工资很高的美国，食物却异常便宜。与之相比，日本食品的价格自古以来就非常高。或许人工费上涨了，但是根本原因是缺乏对客人彻底奉献的意识，只想轻松赚钱。因此，我认为，餐饮行业以薄利多销为武器，发展的空间还很大。而这么做，餐饮行业的经营者就能把社会引向更好的方向，这是人们期待的好事。

讲话有点儿跑题了。我只是举了一个例子，说明有关销售的基本姿态，或者说哲学是非常重要的。重要的就是基本姿态，就是对客人彻底奉献的态度，就是甘当客户仆人的哲学。我想强调的就是这一点。

如何满足复数客户

事情的本质相同，但我再讲几个情况不同的事例。各位的企业有没有类似的情况我不知道，但是我们的企业在生产工业用零部件供应给大型成品组装厂家时有两种情况：一种是只供应给一家特定的厂家，另一种是同时供应给几家大型厂家。

销售的形态由此会发生变化。有的大型厂家允许零部件企业向别的厂家供货,但是有的大型厂家的方针是"只能向我们一家供货"。我认为,只向一家大型厂家供货的中小企业前景堪忧,就是十分危险。

为什么危险?不仅在大型厂家要断绝关系时有危险,不仅是这一层意思。因为总是只向一家客户销售产品,在向客户彻底奉献这一问题上往往会虎头蛇尾。最初,拼命努力制造出物美价廉的产品,但随着同客户长期的交往,就会松劲。客户提出"价格再便宜一点儿",就会回答"不,做不到"。像这样因为彼此太熟悉而产生的任性、松劲态度就会破坏互相之间的信赖关系。

相反,站在购买一方的立场来看,情况会发生什么变化呢？最初会认为，这家零部件供应商作为承包企业干得不错，很有满足感。但是过了若干年以后，习以为常，又没有了比较对照的对象，感觉上就会发生变化。本来比较 A 企业，B 这家企业服务要好得多，拼命严守交货期，是一家好企业。但随着交往时间越来越长，没有了比较对象，满足感就会下降，因此就会批评指责对方，这样彼此会产生隔阂。

因此，无论从哪方的立场来看，都是不利的、有害的，结论就是只同一家厂家做生意是行不通的，是孕育危险的。所以，我认为，要把产品卖给多家公司，这无论如何都是必要的。

虽然把多家公司作为销售客户确实是好事，但是向多家公司销售产品，要让它们全都满意，却并不是简单的事情。为了让多家企业都真正满意，就必须具备彻底奉献的精神。向多家企业提供产品，让它们全部感到满意，是最理想的，这是我想强调的。但是，只向一家公司供货能让这家公司满意,却因为服务对象增加应付不来,结果适得其反,哪家都不满意,这就很危险。在这种情况下,与其对多家企业的服务都是"半吊子",都不彻底,还不如只同一家做生意为好。然而,从真正的意义上讲,为了让企业稳定发展,为了同客户长期友好相处,我认为还是应该把产品卖给多家企业。

这样的话,各家客户都会直率地提出要求:"价格再便宜一点儿,品质再提升一点儿。"工作紧张时,客户在深夜也会要求"把产品立即送来"。我所说的彻底奉献的精神,就是哪怕在深夜,员工都不在,社长也应该亲自开小车或骑摩托车把产品送进客户的大门。当同时要向多家客户提供产品时,社长个人哪怕有三头六臂也不够用。我认为,这时候就需要有妥善处理事情的能力。像我们这样的中小企业,不属于任何大企业之下的系列,生产电子产品和电子工业用的材料,不仅要向日本,而且要向全世界的大型企业供货。这中间会遇到非常苛刻的要求,必须有妥善处理这些问题的能力。

认真思考,要举例说明的话,例子或许不太适当。我觉得,我们现在做的事情同酒吧的服务小姐可以相比。酒吧的详情我不太了解,但被称为"头牌"的服务小姐拥有许多粉丝。许多客人都因为"那位小姐很可爱",所以常来酒吧喝酒。如果她只同某一位特定的客人打得火热,其他客人见不到她,就会产生不满。所以,她必须让每位客人都喜欢她。

她必须让每位客人都迷恋她:"这位姑娘真的把我迷住了。"经常来酒吧的男客人异口同声地赞赏她:"这姑娘真好!"她待人亲切、讨人喜欢、服务细致、气质优雅。就是说,这样的"头牌"服务小姐,对于不特定的多数客人都有吸引力,接待服务恰到好处,让大家都满意。我认为,这样的姑娘天生就具备从容应对客人的本领和技巧。

这么想的话，我们同结婚后的夫人的关系，或许可以说是最差的关系。如果一年到头夫妻总是吵架不止的话，就说明我们对仅有的一位对象，也无法让她感到满意。

我们以客户为对象销售产品，就要像刚才提到的"头牌"服务小姐一样，必须获得所有客户的好感，同时又不能对某个特定的客户过分热心。要讨所有人的喜欢，但实际上所有人都不会从内心喜欢你。要让这个矛盾不成为矛盾，让所有人都保持对你的好感，那么从平时起就要满腔热情、不断努力。刚才提到的酒吧小姐或许天生就具备八面玲珑的能力，但对于我们这种普通人来说，我认为只有从早到晚不断思考、不断努力，才能达到这样的境界。

经商的最高境界是受到客户的尊敬

虽然离题了，但仅举这一个例子，就能说明销售的基本姿态、基本哲学有多么重要。只要坚持实践刚才讲的六项，积累了优秀的业绩，就会产生信用："那家公司有信用""那个人值得信任"。这样的话，订单就会源源不断，企业就能走上轨道，迎来稳定发展的局面。正如自古以来的说法，经商要靠信用的积累。

大家知道，日语里赚钱的赚字，就是一个"储"字，"储就是信者"，就是说信任自己的人增加了，赚钱的机会也就多了。我认为，达到赚钱的最高境界的是拥有众多信徒的团体。考虑到这一点，我就觉得，受到客户的信任应该是经商的第一步。

因为自古以来人们就这么说，所以我也认为这是正确的，但是最近我的想法有了一点儿变化。人们都说经商的最高境界在于信用,但是我感觉到在信用之上,还存在着更高的一种境界。当然信用是基础,为了获得信用,必须有相应的作为,只有积累了优秀的业绩,才能获得信用。但是,现在我意识到在信用之上,还存在着某种更深刻、更重要的东西。

这是什么呢?我认为,就是他们具备的"德行"。对于受到人们信任的人或者公司,从销售的基本姿态进一步深挖下去,就是这个人、这家公司所具备的德行。

为了构筑信赖关系,及时提供物美价廉的好产品,具备无微不至的服务精神,两者必不可缺。把每一道环节上的事情都切实做好,在受到信任的基础之上,如果再具备德行的话,就能够超越信用这个阶段,上升到尊敬阶段。

我认为,经商的最高境界在于受到客户的尊敬。

如果受到尊敬,价格高一点儿、低一点儿就不会成为问题。客户会说,"我只买你家的东西""从你们公司购买是最好的选择"。让客户说出这样的话,你这个人、这家公司就要具备值得客户尊敬的气度和德行,这就是经商最高的境界。

那么,如果要问德行是什么,那就是当事人所具备的哲学。积累了优秀的业绩,并由此建立了信用,要再超越信用这个阶段,到达更高的境界,也就是当事人的哲学境界。具备这样的哲学境界,才能获得人们的尊敬。

如果是值得客户尊敬的人物,那么客户买你的东西,不是因为你的价格比别人便宜,而是因为对你绝对信任而购买。因为受到绝对的信任,当然绝不会辜负或背叛客人的期待。具备这种德行的人,本来就不可能有背信弃义的行为。

对于构筑信任的过程,我讲了六项。在认真实行这六项的同时,销售的姿态说得细微一点儿,就是对销售的哲学采取"否定之否定"的态度,即不断提高层次,进入让客户尊敬的阶段。

做到这一点,就可以在全世界销售产品。这不是说要在逻辑上煞有介事地打出所谓"国际销售战略"的旗号。我认为,只要在每一个销售行动上都体现出优秀的哲学,就是最出色的销售战略。

现在我们在欧洲、美国都建立了分公司。美国的分公司设立已有十年,今年的销售额是 18 000 万美元,员工有 1900 人,今后还将有更大的发展。这些成果并不是因为有什么优秀的经营管理学者帮助构建了出色的销售战略,而是以我刚才讲的那几项作为基础,十年来一步一步脚踏实地,持之以恒不断努力所积累的结果。我们在美国的成功,原因就在这里。

生产工业用零部件卖给特定的成品组装厂家，有关我们的经营情况，我引用实例给大家做了解释。这些都是我自己实际在做的。我使用的语言、我所讲的内容，都是我和当地销售负责人日夜讨论的东西，所以我认为一定能对大家有所启示。

把卖不动的东西卖好，才是销售专家

迄今为止，我们一直向大型成品厂家提供零部件。但同时，因为我们研究的是矿物质的结晶技术，我们利用这项技术制造出了宝石，并称之为再结晶宝石。具体来说，我们以"绿色月牙"为品牌，商品有绿宝石、变色金绿宝石。最近我们又成功做出了红宝石，今年还准备推出蓝宝石等两三种新宝石。

最近市场上天然绿宝石的品质非常低劣，宝石中裂痕、瑕疵很多，但因为称之为天然，所以价格昂贵，这是一个问题。为了弥补这个缺憾，我们用人工做出了与天然宝石的化学成分和结晶构造完全相同的东西。我们原以为这么好的宝石一定能畅销，但是与设想完全相反，根本卖不动。虽然是比天然宝石更加漂亮的宝石，却成了现有宝石行业的众矢之的。"出来这种以假乱真的东西，价格又便宜，我们的宝石生意还怎么做？"他们怨声载道。我是搞技术出身的，本以为只要做出卓越的产品，就一定能畅销，事实却并非如此。

这样我就决定，直接面向一般消费者进行销售，这是过去我们从来没有做过的。我们用独创性技术，开发出了同天然宝石一模一样的人工再结晶宝石。"既然现有的宝石行业不肯销售我们的产品，而这个宝石是由我们独创的，那么销售宝石的市场也由我们来独创吧。"我就是这么考虑的。

过去的宝石市场，首先有天然宝石行业，另外就只有仿造宝石行业。但是关于珍珠,既有天然珍珠,又有在玻璃小球上涂上颜色的仿冒珍珠,还有御木本幸吉先生的养殖珍珠,就是在天然的海螺中植核培养的珍珠,一共三种。但在宝石市场却不认可有人工制造的产品。

某个人发起了革新,但如果他不是伟人,人们就很难认可这项革新,这是常有的事。如果是这样,我认为,虽然我们的宝石是人工制造的,但它同天然宝石具有完全相同的组织成分。既然别人不愿销售,那么我们自己来创造再结晶宝石这一新的市场概念不行吗?就是说,"既然没有其他人创造市场,那么就由我们自己来创造吧。"我们就是这么开始的,从某种意义上讲,这么说也许不够谦虚。

然而,过去我们只要向全世界的大型电子厂家提供产品就行了。但现在不同,要向消费者直接推销宝石,我们遭遇了过去从来没有遇到过的问题。当然，这里面有流通渠道的问题。对于我们制造的人工宝石，现有的天然宝石流通渠道不予承认。虽然愿意做我们宝石生意的人不少，但感觉上这些人都不太靠谱，正人君子似乎都不愿意来做我们这门生意。

前面讲到，彻底地为客户奉献是我们的方针。但是，为此在全国各地设置销售人员也不现实，因此我考虑必须使用代理店。过去我们彻底奉献的对象只有大型厂家，现在我们决定对代理店和最终客户这两种客户都实行彻底奉献的方针。但眼下没有一家愿意代理销售，没有办法，我们只能公开招聘代理店。我们选择的对象不是原来宝石行业的专业人员。"不管以前做过什么买卖，我们招聘对销售我们的宝石具有热情的人。"我们打出这样的招聘广告，希望有这种热情的人来开展这项事业。

这是新的尝试。既有的流通渠道不开绿灯，我们就召集完全不同行业的人组成一个集团，面向全国拓展销路，创造一个全新的代理店网络。我们销售的是全新的宝石，是独创性的产品，在销售方面我们也要尝试一种全新的方法。

这里JC的成员可能很多，从父辈那里继承事业的人很难做独创性的工作。只想守住现有的事业，保持稳定的局面，在这种安于现状的思维下，产生不了革新性事业。因为我一直在逆境中开展事业，所以没有人来帮助我们销售宝石，那么就考虑由我们自己来干。

因为在大型流通行业也有熟人，所以决定自己销售之前，我曾经去征求他们的意见。这些人在商品销售方面都堪称专家，他们都是大型超市或百货商店的骨干，在销售方面具备不亚于任何人的自信。但是，要请他们来帮忙销售新的宝石，同他们见面一谈，我就非常失望。原以为他们都是销售商品的专家，实际上却并非如此，他们不过是销售了能够畅销的商品。

只要有大资本作为背景，这是谁都可以做到的事。

在我孩童时代，乡下的村子或城镇里举办庙会时，去神社的路上小店林立。这些小店都开在附近暴力团的势力范围之内，暴力团收取俗称的"地皮费"。讲得极端一点儿，现在的百货商店也一样，就是把销售场地租给专卖店，收取尽可能高的地皮费。在这个场地销售畅销的商品，他们不过是做了这样的事，所以说不上是什么销售专家。

能不能畅销不知道，即使冒着风险，也要拼命去推销，这样的销售专家我从来没有见过。因此，虽然我们只是从事制造的技术人员，但是我们为什么不能努力成为销售方面的专家呢？没有人打包票保证畅销，而且事实上也没有卖动，我们就要销售这样的东西，我们进行了挑战。

现在，宝石的销售事业自开始以来，已经过去了5年。销售额在不断增加，每个月大约销售3亿日元。因为我们的出厂价是3亿日元，代理店的一般市场价格当然就更高。年底我们要努力做到月销售5亿日元。事业由外行的团队使用外行的代理店在展开。我认为，只要我们取得了某种程度的成功，过去拥有强大流通渠道的专卖店到时也会提出："让我们也来销售你们的宝石吧。"为了出现这种局面，我们正在拼命努力。

商品普及、市场开发的五个阶段

最后再讲一点，这是从一位先生那里听来的，让我印象深刻。他的说法是，商品普及的阶段或者市场开发的发展阶段，同文明发展的阶段是吻合的。

刚刚开发出来的新产品，首先使用的人被称为"革新者"。在时装领域，就是指在正式流行以前，就引领时尚的人。这种新潮人物大约占整个市场的2.5%左右。接下来是所谓的初期使用者,是较早接受时尚的人,约占市场的13.5%。

就是说,将再结晶宝石投放市场的时候,一开始得不到周围人的理解。在这个艰苦的阶段,接受这个商品的所谓"革新者"只占整个市场的2.5%。经过不断努力,出现了理解并使用这个商品的"初期使用者",约占市场全体的13.5%。经过进一步的努力,接着出现的是占市场34%的"前期追随者",到这里就开始进入普及阶段。

从出现革新者,到进入产生初期使用者的阶段,走向普及的速度就会加快。文明发展的进程也是从革新者到初期使用者,再到前期追随者。

然后,再普及到34%的"后期追随者",他们看到身旁的人使用了,便也跟着使用。最后,就会普及到 16% 的"后进者"。所谓后进者，就是思想倾向于陈旧保守的人，在新的事物变为传统之前，他们不会使用。例如，有一种人会坚持"我只穿日本传统的和服"。无论哪个国家、哪个民族，都显现出这样的结构。

首先是吸引革新者、初期使用者，再努力催生前期追随者，等到后期追随者使用了，就进入了完全流行的阶段。但在这一过程中，必须付出极大的努力。在服装等领域，只有一小部分人使用叫作时尚新潮，接着进入社会广泛使用的阶段，叫作流行，经过这样的阶段普及开来。因此，将产品投入市场时，在出现革新者的阶段就遭到淘汰当然是不行的。

在宝石这个行业，我们没有任何销售渠道，现在还在奋斗之中。在座各位中如果有人愿意干，想"我也来帮忙吧"，那么请告诉我，我们可以携起手来，共同奋斗。

我的讲话到这里结束,谢谢大家静听。

要 点

当自己公司的产品不符合客户的需求,而客户提出新的需求时,如何在短时间内赶上并满足客户的需求,这是一个简单又困难的非常重要的问题。

○

要将客户提出的需求作为机会,借此发展企业。为此,小企业要有小企业的灵活性。为了快速满足客户的需求,尽快将产品做出来,这种开发能力无论如何都是必要的。

○

不管构建了多么高明的销售战略去推销产品,如果产品的品质不良,客人绝不会买。产品的品质至少要比别的竞争对手优良。同时，不管哪一种品质优良的产品，必须按客户的要求持续提供。否则销售工作不可能顺利展开。

○

产品价格由市场机制决定。剩下的问题是，如何用最低的成本把产品做出来。为此，我们的作业就是从材料费开始，所有的费用如何最小化。我们认为，这样的作业才叫作生产制造。抛弃一切固定观念，所有的制造成本都要最小化，我认为这样的作业就是我们技术人员的工作。

○

因为卖价已经确定，把成本做到最小，这二者之间的差额就是利润。所以，利润多少才算合理，"利润是百分之几为好"，这样的概念我们没有。

○

人工费上涨,材料费上涨,所以零部件的价格也要水涨船高。我认为,抱有这种思维方式的人,一般水平的经营也许能维持,但他无法进行高水平的企业经营。

○

根据市场价格,考虑到与同行企业竞争,价格就要比它们便宜。那么,要便宜多少才好呢?我认为,这个问题不是一个销售人员可以决定的事,也不是销售部长决定的事。定价应该是领导人来决定的事。

○

什么价格才是最合适的,这个问题取决于领导人持有的哲学。性格扭曲的人会决定一个扭曲的价格,而性格软弱的人会决定一个软弱的价格。软弱的经营者一年到头受客户的欺负,导致企业破产。性格扭曲的经营者经常欺骗客户，以致丧失信用，最后也导致企业倒闭。

○

经营这件事就是由经营者的心灵，也就是经营者所持有的哲学来决定的。那么，经营者应该是怎样的人呢？那就是同时具备两种极端性格的人，必须具备豪爽的一面，又具备细致的一面。

○

如果不是高高兴兴、心甘情愿充当客户的仆人，那么不管建立了多么出色的销售战略，仍然如纸上谈兵，绝不可能获得成功。当好客户的仆人，那当然就要彻底地为客户奉献。

○

虽然说在价格和品质方面不可能无限度地满足客户，但我们又总是相信我们有无限的可能性，并追求这种可能性。"从这个价格上再往下降，那是不可能了。"但一旦客户提出要求，我们就会千方百计颠覆以往的概念，再次进行挑战。品质问题也一样，即使认为品质更高的东西做不出来，但是一旦客户提出要求，我们就会想方设法彻底追求品质的提升。

○

不管什么时代，经营的原理原则都是不变的。原理原则不是可以轻易变动的东西。当然环境条件在不断变化，但是自己持有的经营理念却不可以随便改变。环境条件发生了巨大的变动，在这一过程中如果连自己基本的经营理念都要改变，那么企业该向何处去，就会迷惑不清。

○

为了构筑信赖关系，及时提供物美价廉的好产品，具备无微不至的服务精神，两者必不可缺。把每一道环节上的事情都切实做好,在受到信任的基础之上,如果再具备德行的话,就能够超越信用这个阶段,上升到尊敬阶段。经商的最高境界在于受到客户的尊敬。

○

如果要问德行是什么,那就是当事人所具备的哲学。积累了优秀的业绩,并由此建立了信用,要再超越信用这个阶段,到达更高的境界,也就是当事人的哲学境界。具备这样的哲学境界,才能获得人们的尊敬。

为了发挥企业"飞行员"的作用

在盛和塾京都塾长例会上的讲话
——1989年6月22日

　　这次讲演是稻盛在盛和塾京都塾长例会上的讲话，引用了第二电电的例子，讲述了企业经营管理的精髓。

　　1983年7月名为"盛友塾"的经营者学习会开始了，1989年4月改名为"盛和塾"，同时设置了盛和塾事务局，活动开始正规化。

确切掌握每一项事业的实态

确切掌握每一项事业的实态在企业经营中非常重要。实际上，尽管理解了它的重要性，但据说没有付诸实践的经营者非常之多，这让我很吃惊。

上星期整整一个星期，在比睿山的宾馆里，我召集了从世界各地来的京瓷集团干部，整天举行会议。这个会议名为"京瓷集团国际经营会议"。在会议上，世界各地的当地法人代表等要发表他们的业绩以及今后的预定目标。在这次会议上，我强调了一个观点，我说："企业经营者就好比坐在飞机操纵席上的飞行员。"坐进飞机的驾驶舱，前面有一排仪表，飞行员看着这些仪表驾驶飞机。

同样，在企业经营中，作为经营判断指标的数值如果经营者不能把握，缺乏这样的体制，那么不管你依据多么好的构思来展开经营活动，经营还是搞

为了发挥企业"飞行员"的作用

不好。

而且,这时把什么样的指标放到经营者面前,也是一个很重要的问题。如果经营所必需的指标没有按部门分开,让经营者一看就懂,缺乏这样的体制,那就像没有仪表的盲目飞行一样。

具体的事例,可以举出第二电电的例子。在第二电电的经营中,我们已经构建了基于确凿经营资料的合理经营管理体制。我认为,这个体制占了第二电电成功原因的大约25%。

第二电电的经营资料让经营状况一目了然。到前天为止的经营实绩,正好用一张纸表达得清清楚楚。

比如,日本全国各地的电话线路及其累计数、每条线路的单价及其合计、累计的契约者数和前一天的契约者数、适配器的累计总数和前一天设置的适配器数、与适配器连接的线路数等数据全部列出。这样的经营资料，不管我在世界的哪个地方，都可以到达我的手里。我每天都要看这些资料，其他还有几种非常有价值的资料。

另外，这样的经营资料必须迅速及时。比如，月度决算时，从上月底起的1周或者10天以内，数字必须全部归纳到位。还有，在座各位大多数都把决算委托给会计师事务所，并使用一般的决算表（财务报表）来进行核算管理。但是，这样的经营管理对于实际的企业经营并没有起到作用。

因为我是技术出身，不懂财务，所以我自己创造了一个经营者实际可以使用的经营管理体制。这个体制是在我同京都传统企业来的一位财务部长的争论中产生的。"你做的报表没用！"我毫不客气地指责他。后来，这位部长通过上述经验，总结归纳写了《京瓷会计学》这本书，在公司内部出版。

为了发挥企业"飞行员"的作用

他二战时毕业于和歌山高等商业学校,毕业后一直做财务工作。在财务领域,他自认为是一名专家。对于这位专家,我作为外行,向他提出了许多要求。开始时他认为:"一个什么都不懂的人提出了许多奇怪的主张。"但是,在按照我的要求去做的过程中他发现,我所思考的有关财务会计的原则和做法既有逻辑性,又有合理性,没有矛盾,非常了不起。

当时,他从会计师的角度反驳我:"财务会计就应该是这样的。"但是,依照我的说法,"从经营者的角度来看,这完全是错的"。

例如,在汽车的仪表板上,有显示发动机转速的仪表,对于一般驾驶人而言,转速表完全无用。但对于造车的技术人员以及高级驾驶人来说,这是一个绝不可缺的、非常重要的仪表。

与此相同,对于经营者来说必不可缺的、最便于使用的经营管理体制也应该做出来。就是说，必须构建这样一个体制，在这个体制中，经营者每天都能看到经营判断所需要的经营指标。在这个体制中，这些指标都能迅速及时地做出来。

必须正确地看到经营的实态

举个具体的事例，我想讲一讲关西赛路拉移动电话公司设立的故事。移动电话所属的移动通信事业是一种装置产业，首先需要建造通信基础设施，为此需要大笔的先期投资。所谓移动通信基础设施，就是要一个连一个地建立发射和接受电波的基地，设置基地间中转的交换器，建立蜂巢状通信区域。

这种移动通信事业的费用基本上是个定数，与客户数量无关。初期投资虽然很大，但当用户数量超过盈亏平衡点时，利润就会不断增加。相反，没有达到盈亏平衡点就会产生巨额赤字。

就是说,这类事业的成败,取决于初期能不能获得一定数量的用户,所以事业开始时的成交量是关键。为此,我每当访问关西赛路拉时,都会问"为了增加用户数量,代理店是怎么建立发展的,现在处在什么状态"等,询问他们增加用户的策略。但是,尽管我多次强调,因为处在开张的忙碌期获取用户的重要性,他们却并不明白。所以,我经常训斥这些干部。最近总算见效了,关西赛路拉的社长自己写了一幅字"初战必胜"贴在社长办公室。

为了"初战必胜",必须制订周密的核算计划,为此首先要测算有多少契约用户就可以产生利润。于是开始测算,但测算结果有 25 000 人的,有 30 000 人的,还有 35 000 人的。而且,他们又说:"如果有了 35 000 千人,基地就不够了,需要增设。"如果增设基地,又要支付相应的费用,将这个费用加进去测算，盈亏平衡点就要发生变化。如果不增加更多用户，就会亏损。

所以我就批评他们："简直是你追我赶的赛跑，这不是要在亏损状态下持续不断地增加投资吗？"他们似乎理解不了。于是，我就指示他们："把测算表拿来。"一看测算表，不出所料，在销售额急速上升出现黑字之后，又快速滑向赤字，月度之间的数字上下波动剧烈。这根本就说不上是什么经营。关于这一点，在京瓷集团国际经营会议上我也讲到了，我提醒京瓷海外法人的干部们注意，我这么说：

"听了你们发表年度经营计划，月度之间的销售额和利润都有大幅度的波动，受季节变动因素的影响较大。在某个特定的时期，一定会增减的事业姑且不谈。并没有特别的原因，销售额和利润都有大幅度增减，收益很不稳定。从半年或一年汇总来看，因为有利润，你们就认为经营得不错。但分月细看，月度利润差异非常大，这样的话，无法搞好经营。"

拿直升机打比方，在直升机上一定配有高度计，飞行员看着高度计驾机飞行。一般的直升机上有两种高度计，一种是气压高度计，利用外气压测定高度。另一种叫绝对高度计，它向地面发射电波，利用电波反射回来的时间测定高度。就是说，气压高度计表示离海平面的高度，而绝对高度计显示离开地面的高度。

直升机在山上飞行时，因为地形不断变化，离开地面的高度也随时变化。这时候，如果只看气压高度计，不注意离开地面的高度，就有坠机的危险。因此，必须也看绝对高度计，正确掌握自己所在的高度。

经营也一样，看到利润时有时无，"虽然不太明白，原来我们公司的经营状况是这样的"，许多人这么想。但是,调查一下为什么利润有增有减,就可以明白,是因为有了特别的收入或发生了特别的费用。

重要的是,对业绩的变动不是放任不管,而是要建立一种体制,在这种体制下,能够正确地看清楚自己所经营的企业的实态。这样来排除变动因素,是经营的要诀。

分部门核算和"一一对应"的会计原则

我再以刚才提到的关西赛路拉为例说明,首先测算开业时预料的销售额和利润。于是,有一开始就是黑字的,有开始赤字而中途转为黑字的,还有持续赤字的,如此各种测试结果。

移动电话的经营是通过代理店展开的。当代理店同客户签订契约时,契约金进账。另外在这以后,每月的基本使用费入账。客户通话以后,第二个月就会支付通话费，然后付给代理店佣金。就是说，首先在收入一栏里要记入契约金，契约金每人 65 000 日元。如果一开始就有 1 万人签约，反契约金就是 65 000 万日元的销售额。

另外，每个月的基本费用是 12 000 日元，1 万人的话，每月就有 12 000 万日元的销售额。这样，签约多的月份销售额就显得突出。与此相应，支付的费用也会增加，给代理店的佣金以及车载电话的安装费用，都会急速膨胀。

如果在这个时候，"只要签了约，契约金 65 000 日元即使还没有回收，给代理店的 1 万日元佣金也当月就要支付"，只有支出上升，销售额要以后才进来，那么支出就急剧增加，利润大幅跌落。因此，如果只看月末的利润，就要么是大幅赤字，要么是大幅黑字。

几乎所有的公司都一样，看到结果难免一喜一忧。为什么会这样不知道，就是做月度决算的公司，一大半也会陷入这种经营状态。

因此，我指示关西赛路拉的干部："即使经营移动通信这一单独的事业，在会计上也要分成三个部分来算账。"一般来说，如果既做移动通信，又做物品销售，有两项明显不同的事业，当然要分成两个事业来计算。但是，即使是移动通信这一单独的事业，为了把经营的实态表达清楚，也有必要把它分割成三个部门。

例如，把签订契约看作是一个事业，签约部门的收入就是每人 65 000 日元 × 契约数量。另一方面，支出包括向代理店支付的佣金、现场的申请费用以及安装费用等。在这里，重要的是"一一对应"。前面已提到，如果"只要签了约，就要马上支付佣金"，收入未到，支出先行，在一笔契约里收入和支出就没有对应。为了让收入和支出相对应,与客户签约以后,就要确认客户是否已经支付了65 000日元的契约金,或者是否确定两三天后客户一定会支付这笔费用。在确认了这个事实之后,再支付申请费、安装费以及给代理店的佣金。

我认为,所谓会计,就必须做到这样的"一一对应"。

然而,实际上客户的钱还没有进账,支出就先发生了。这样进行会计处理而做出的核算报表,就不能成为有用的经营指标。

相反的情况是,东西已经卖了,销售额已记入,但进货成本却没有反映。比如女装店,客人要买的衣服没有现货,于是店员就同厂家联系,确认有无库存。如有库存,就请客人付款,记入销售额,而进货成本却没有反映,这样处理就不对。归根到底必须采用"一一对应"的处理方法，把具体的数字预先算进去。

比如，某名牌女装的价格是50万日元，进货价是30万日元，那么就可以赚得20万日元的差价。但按照刚才的算法，因为30万日元的进货费用还没有发生，50万日元就直接作为利润计入了。

为了不让这种情况发生，京瓷就一定会把"一一对应"作为原则。而且，只要向京瓷的经营管理部门发出指示，电脑就会在瞬间打印出基于这种"一一对应"原则的经营指标。看到这样的体制，京瓷的公证会计师就发出赞叹："核算做到如此精确的企业，首先就没见过。"

在大多数企业里缺乏这种体制，经营者真正需要的数字不能及时提供。所以我认为，如果企业业绩不好的话，原因不仅是经营手段笨拙，而且在经营管理

为了发挥企业"飞行员"的作用

的体制上也有问题。正如飞行员要看着驾驶舱中的仪表操纵飞机一样,经营者所需要的数字也必须能够正确、迅速地拿到手,必须具备这样的体制。正因为缺乏这样的体制,许多经营者虽然拼命工作、一腔热情,而且脑子也一点儿不笨,但是企业却经营不好,这种情况非常之多。

在企业里,只有构建了作为经营指标的数值能够迅速反映出来的经营管理体制,中小、中型企业向大企业飞跃的基础才算稳固。即使每月甚至每周都做决算,但忽视了"一一对应",不将组织细分,也就是"盖浇饭"式的笼统账。在这种状态下把企业做大的话,到了某个时候,一定会做出错误的经营判断。把分部门核算做好,那么即使公司发展,事业扩展到全世界,经营者也能够在一瞬间看清楚企业的实态,从而做出正确的判断。

另外,为了在一瞬间看透经营的实态,现在不需要的经营数据不必去看,这也是合理的。只看到现在经营上需要的数值,这种体制能够导入的话,就能提高企业业绩。

比如,诸位经营餐厅、饭店,过去的销售利润率至多是6%的状况很快就能改变。因为实行了"一一对应",显示出来的经营数值是平稳的。这样的话,对应于收入的支出就能看得更加清楚。比如,食材进价是不是真的便宜,都可以了解得更加详细。

这样,经营的实态一旦明确,针对问题立即采取措施,就一定能提升收益。过去,究竟问题是什么,因为看不清,所以没法下手。拿操纵飞机做比喻,尽管握着操纵杆,但不知道自己现在所在的位置。那么操纵杆是抬起还是放下,发动机输出功率是加大还是减小,就搞不清,无所适从。同样,在经营中,如果能够掌握真实的情况,采取必要的改进措施,就能提升企业效益。

过去有关经营哲学我讲得较多，这次讲了具体的经营管理方法，讲了如何通过这样的方法来提高企业的经营效益。

再重复一遍，为了提高效益，首先要采用分部门独立核算的办法。但是，这个分部门核算，一般人常常认为是把不同的事业进行简单划分，这种理解不对。即使是同一事业，在会计上把事业划分成不同的部门，这才是重要的。而且必须构筑一个体制，让各个部门的经营实绩能够简洁、正确且迅速地呈现出来。

问答：有关经营管理的 Q&A

[问] 核算单位怎么划分？

[答]

在构建体制时，首先遇到的问题就是如何划分核算单位。

在京瓷，先把生产和销售分开核算，然后在生产部门再按产品来划分。不过，虽说按产品划分，但有时也不能那么简单地划分。

生产制造有若干个工序，比如，精密陶瓷的原料有很多种类，由原料部门负责处理。各个陶瓷生产部门会向这个原料部门下单："请提供具备如此特性的精密陶瓷原料。"原料部门就会配制适合这种特性的原料，卖给生产部门。

生产部门有多道工序，例如，用各种各样的方法把原料做成某种形状的成型部门、将成形的半成品烧结的烧制部门和对烧结后的半成品进行打磨的研磨部门，等等。京瓷把上述各部门都看作是独立核算的单位。

像这样，在按品种划分之上再按工序划分，以所谓纵横矩阵的方式对核算进行管理，经营的实态就能一目了然。

［问］经营管理到底怎么做才好？

［答］

当我说"要按部门划分，进行一一对应的管理"时，许多人就会说："要那样管理的话，必须增加很多人手，为了管理而管理，是不是反而会让经营陷入困局呢？"但是，京瓷创业不久，就因为采用了这种体制，企业才会不断成长发展。

确实，这样做要花工夫，为了获得经营真正需要的经营指标，构建这种体制也必须花费相当的时间和劳力。你问会不会让企业陷入管理困境？决非如此。这样做，可以得到大大超过费用的好处。

大约10年之前，某家有名的电器厂家的利润率跌到只有3%～4%。询问这家的干部是什么原因，原来这家企业采用的是成本主义。例如，电视机事业部的制造部门首先调查在秋叶原等电器街，几英寸的彩色电视机卖多少钱，先调查这个价格。接着，批发价是多少，然后加上厂家的赚头，就可以计算出成本应该是多少。最后就对电视机的生产制造部门下达指示："用这样的成本来生产。"这就叫"目标成本"。

生产工厂就按照这个目标成本努力制造产品，如果达到了目标成本，作为工厂即使没有赚钱，也算完成了任务。然后，销售部门以成本价接收这个产品，以当初定好的价格卖给批发商。

但是，我们可以预料到，实际上事情不会那么顺利。例如，产品的款式有点过时，零售店要降价20%销售，要求批发商降价。批发商靠批发赚钱，批发价下降自己的利润就没了，所以要求厂家的出厂价也降20%。本来厂家就打算了20%的赚头，价格一降，利润就泡汤了。

在这种场合下,按成本价进来的产品,实际上以什么价格出售,是由负责销售的董事决定的。就是说,这个企业管经营的人是销售董事。

我认为,"定价即经营"。就是说,定价这件事,绝不是领班或学徒明白就好,本来就必须由处于经营核心地位的社长来决定。如果说定价在很大程度上左右了利润的话,定价就是社长的工作。而在那个大型电器厂家,价格却由销售董事决定,所以最后结账时只剩下3%的利润率。

因为如此,当问这位公司干部"你能把利润率提高到5%吗",他当然不知道用什么方法。销售董事负责定价,制造部门不会付出超过目标成本的努力,所以公司效益提不上去,那是理所当然的。

给了工厂一个目标成本,为了达到这个目标,工厂会付出努力。但是,归根到底,目标成本是最终目标，超出这个目标的努力他们不会做。例如，目标成本完不成，他们会寻找借口；目标成本达到了，他们就心安理得了。总之，比较目标成本，要把成本再向下降，他们的头脑里完全就没有这个概念。但实际上，只要努力去降低成本，成本降多少都有可能，这样利润就上去了。

成本主义严重阻碍制造部门降低成本的努力。这是因为搞经营的人没有考虑在现场工作的干部员工的心理状态。从这个意义上讲，经营也是一种心理学，经营者必须认真考虑员工对问题会做出怎样的反应。

[问]"定价即经营"，但是由于销量不同，成本不是会变的吗？

[答]

一般人都过分相信销售数量不同，成本就会变化,但是这不对。拿到大笔的订单,因为大量采购原材料,单价可以降低。由于大量生产,制造成本也可以下降。大家都这么想,这对于生产制造而言成了常识。但是,正因为把这一条当作金科玉律,所以经营不好的情况非常之多。

在京瓷也是这样,大学毕业、头脑聪明、知识丰富,越是这样的员工越会这样思考问题。研究开发获得成功,投入资金购买生产设备,做出新产品上市,开始时卖得很少。于是,当事人就说:"只要订单增加,就能扭亏为盈。"这就是依据"数量大、成本低"这个概念思考的结果,这个概念成了美国式工厂管理学的金科玉律。

其实,京瓷公司也发生过下面这样的事情。现在,京瓷在海外不断设立销售公司,销售公司的社长都是当地人。他们只是一味强调:"在纽约也租一个办事处,开始时会增加各种各样的费用,但如果销售额达到一定的数量，就可以扭亏为盈。"

但是，在前面提到的国际经营会议上，我谈到了在德国和英国销售激光打印机的公司，谈到了它们在经营上的差别。

听英国销售公司社长的话，他说的是："希望聘用 S 这位优秀的销售人员，通过聘用他来增加销售，就可以变赤字为黑字。"我警告他："不行！销售这么少，还是赤字，在这种情况下还要聘用新人，简直是乱弹琴。"

经营企业只要随着销售额的增加，采用"擒贼搓绳"的办法就行。与英国不同，我们在德国的销售公司成立当月就能赚钱。这位社长还年轻，只有 41～42 岁，每月做出 4000 万马克的销售额、400 万马克的利润。我认为让他做规模更大的事业他也能胜任，把英国的销售公司让他兼管，我相信他也能做好。

为了发挥企业"飞行员"的作用

为什么?因为"销售量不增加,成本就降不了",他从来不说这种话。他想尽一切办法,倾注全力,做到销售最大化、费用最小化。这在生产工厂也一样。生产部门常有人讲:"量增加了,赤字就能消解了。"但是,如果不能构建即使量少也能产生利润的生产体制,绝不可能拥有高收益的事业。

[问] 材料费30%,人工费30%,各种经费30%,净利润10%,以此为目标经营企业。对于削减各种经费,提升利润率,您是怎么思考的?

[答]

刚刚建立公司时可以这么考虑,但成长发展后的企业或者有历史传统的企业,我认为不能这么思考问题。

拿我来说,要做出多少利润,我不考虑。对我来说,材料费是30%,人工费是30%,各种经费是

30%，这类固定观念我都没有。我只是一味努力，把所有的经费都做到最小。

例如，做制造业，必须采购原材料。因为原材料行情是变动的，不可能任何时候都便宜买进。但是，采购究竟可以便宜到何种程度，我会追根究底、彻底思考。人工费很难削减，但是通过提高员工的生产积极性，作为结果，人工费就能降低，要这样去努力。关于各种经费，认为某种程度上总是要发生的，这样的固定观念统统排除。要想方设法，尽可能把它们降低到接近于零。在京瓷和第二电电，为了让所有的经费最小化，我们付出了持之以恒的努力。

无论生产出多么优良的产品，因为市场的存在，制定超过市场价格的高价格都是行不通的。因此，市场决定了价格。如果是这样的话，那么剩下的就是前面讲的三种费用如何降低这一个问题了。而且，这么做，作为结果来说，也就是让利润最大化的方法。

总而言之，开始时，只要着眼于材料费、人工费等各种经费就行了。而且，为什么会产生这些费用，要进行彻底的调查。如电费、燃气费、电话费等所有的经费项目，都要细心关注，必须这么去做。

材料费也如此，"这种原材料不可能那么便宜，不会卖给我们就便宜"，不能带着框框武断地下结论。就是材料费，通过钻研创新，也可能大幅削减，要这么去想。就是说，问题是相信还是不相信人具有无限的可能性。对部下这么说，部下会反驳："社长您说什么呢，这种事是不可能的。"抱这种想法的部下的精神状态和思维方式必须设法改变。

例如，从海外采购，就可以买到更便宜的原材料，还有缩短流通环节从而减少采购成本的方法。通过钻研创新，降低成本的可能性有的是，首先必须要相信这一点。

赌在技术开发上

人工费也一样，实际上，所谓人工费占比30%也不确切。生产厂家的人工费比例或许要高一点儿，但最高也就27%左右吧。今后，如果工资不上升的话，通过最大限度地提高生产效率，还可以压缩到20%左右。

要　点

企业经营者就好比坐在飞机操纵席上的飞行员。飞机的驾驶舱有一排仪表，飞行员看着这些仪表驾驶飞机。同样，在企业经营中，作为经营判断指标的数值如果经营者不能把握，缺乏这样的体制，那么不管你依据多么好的构思来展开经营活动，经营还是搞不好。如果经营所必需的指标没有按部门分开，让经营者一看就懂，缺乏这样的体制，那就像没有仪表的盲目飞行一样。

为了发挥企业"飞行员"的作用

○

经营资料必须迅速及时。比如,月度决算时,从上月底起的1周或者10天以内,数字必须全部归纳到位。把决算委托给会计事务所,并使用一般的决算表来进行核算管理。但是,这样的经营管理对于实际的企业经营起不到作用。

○

对于经营者来说必不可缺的、最便于使用的经营管理体制应该做出来。就是说,必须构建这样一个体制,在这个体制中,经营者每天都能看到经营判断所需要的经营指标。在这个体制中,这些指标都能迅速及时地做出来。

○

看到利润时有时无,"虽然不太明白,原来我们公司的经营状况是这样的",许多人这么想。但是,调查一下为什么利润有增有减，就可以明白，是因为有了特别的收入或发生了特别的费用。重要的是，对业绩的变动不是放任不管，而是要建立一种体制，在这种体制下，能够正确地看清楚自己所经营的企业的实态。这样来排除变动因素，是经营的要诀。

〇

大多数企业缺乏经营者真正需要的数字能够及时提供的体制。所以如果企业业绩不好的话，原因不仅是经营手段笨拙，而且在经营管理的体制上也有问题。正如飞行员要看着驾驶舱中的仪表操纵飞机一样，经营者所需要的数字也必须能够正确、迅速地拿到手，必须具备这样的体制。正因为缺乏这样的体制，许多经营者虽然拼命工作、一腔热情，而且脑子也一点儿不笨，但是企业却经营不好，这种情况非常之多。

为了发挥企业"飞行员"的作用

○

在企业里,只有构建了作为经营指标的数值能够迅速反映出来的经营管理体制,中小、中型企业向大企业飞跃的基础才算稳固。即使每月甚至每周都做决算,但忽视了"一一对应",不将组织细分,也就是"盖浇饭"式的笼统账。在这种状态下把企业做大的话,到了某个时候,一定会做出错误的经营判断。把分部门核算做好,那么即使公司发展,事业扩展到全世界,经营者也能够在一瞬间看清楚企业的实态,从而做出正确的判断。

○

经营的实态一旦明确,针对问题立即采取措施,就一定能提升收益。过去,究竟问题是什么,因为看不清,所以没法下手。拿操纵飞机做比喻,尽管握着操纵杆,但不知道自己现在所在的位置。那么操纵杆是抬起还是放下，发动机输出功率是加大还是减小，就搞不清，无所适从。同样，在经营中，如果能够掌握真实的情况，采取必要的改进措施，就能提升企业效益。

○

"定价即经营"。就是说，定价这件事，绝不是领班或学徒明白就好，本来就必须由处于经营核心地位的社长来决定。如果说定价在很大程度上左右了利润的话，定价就是社长的工作。

○

给了工厂一个目标成本，为了达到这个目标，工厂会付出努力。但是，归根到底，目标成本是最终目标，超出这个目标的努力他们不会做。目标成本完不成，他们会寻找借口；目标成本达到了，他们就心安理得了。总之，比较目标成本，要把成本再向下降，他们的头脑里完全就没有这个概念。成本主义严重阻碍制造部门降低成本的努力。这是因为搞经营的人没有考虑在现场工作的干部员工的心理状态。从这个意义上讲,经营也是一种心理学,经营者必须认真考虑员工对问题会做出怎样的反应。

○

经营企业只要随着销售额的增加,采用"擒贼搓绳"的办法就行。

○

"销售量不增加,成本就降不了",这不对。想尽一切办法,倾注全力,也要做到销售最大化、费用最小化。这在生产工厂也一样。生产部门常有人讲:"量增加了,赤字就能消解了。"但是,如果不能构建即使量少也能产生利润的生产体制,绝不可能拥有高收益的事业。

中坚企业领导人的条件

在京都经济同友会创立30周年纪念论坛上的讲演
——1978年10月3日

　　1978年10月3日，在京都经济同友会创立30周年纪念论坛"自由经济体制和企业家精神"上，稻盛以"中坚企业领导人的条件"为题发表本讲演。

　　京都经济同友会长期以来致力于研究中坚企业成长发展的原动力——思想、理念和哲学。稻盛对其中有关中坚企业领导人应该具备的、特别重要的思想哲学，从八个角度进行了阐述。

中坚企业成长发展的原动力

在严峻的经济环境中,在中小企业和大企业之间最严酷的环境条件下,有一个从众多中小企业中脱颖而出,不断成长发展起来的被称为"中坚企业"的群体。这些企业是如何在严峻的社会经济环境中由中小企业发展壮大的?挖掘其深层次的原因,是京都经济同友会中小企业研究部的课题。

虽然我们一直在研究中坚企业成长发展的原动力——思想、理念,也就是企业家精神、哲学。但是,如果能把这些东西刻画清楚,我们就会发现,这样的哲学、思想、精神正是现代社会最需要的东西。而这些最宝贵的东西恰恰又最容易被人们所忽视。

就是说,如果能将这种企业家精神、哲学鲜明地突现出来,并将其广泛传播,让一般企业的领导人以及社会、政治、行政和其他所有领域的领导人都知晓的话，就能明确今后日本社会各领域领导人所需具备的精神根基。为此，我们将这项研究持续至今。虽然还没有归纳得很完整，但我想以中坚企业领导人所需具备的思想为主题，发表我的讲演。

领导人的条件之一：必须时刻保持谦虚
——能从相对立场上认识事物的人，总是谦虚的

第一条，处于有权力的位置的领导人，必须时刻保持谦虚。一旦地位上升，掌握权力，人就会堕落，特别是变得傲慢不逊。我认为这种傲慢不逊的人，即使一时取得了成功，也绝不可能带领中坚企业持续成长发展。

明治维新后的100多年以来，现在的社会受到西洋文明的影响，持有自我中心的绝对价值观、绝对的自我认识以及自我主张强烈的人逐渐增加。其结果就是呈现出彼此对立，彼此激烈冲突，利己与利己之间相互斗

争的世相。另一方面，相对的价值观，即认为有了他人才有自己，自己是整体的一部分，这是日本自古以来就有的思维方式。能这样相对地认识事物的人，就能保持谦虚。只有用日本自古以来的思维方式看待事物，才能保持集团的融洽和和平，同时能够让集团协调发展。我认为用这样的思维方式运行组织，效率最高。

要创造这样良好的氛围，领导人必须时刻保持谦虚，要自觉地认识到，有了部下和员工才有自己的存在。我认为，只有具备这种谦虚精神的领导人，才可能构筑不是一时的，而是可以永续成长发展的集团。

领导人的条件之二：必须公平

——只要稍有私心，判断就会迷惑，决断就会走向错误的方向

第二条，集团的领导人必须以公平为宗旨。

领导人必须经常做出判断，为了做出正确的判断，必须具备公平之心。

这不是理所当然的吗？这是理所当然的。但是现实中我们在做判断时，难道真的不夹杂一点点私心吗？哪怕只有一点儿私心，判断就会迷惑，决断就会走向错误的方向，所以必须要让不夹杂任何私心的人成为领导人。如果选择有私心的人当领导人，集团就会陷入不幸，集团中就会充满不满，道德就会败坏，活力就会削弱。

领导人必须能够以光明正大之心进行判断，绝不能夹杂一丝一毫的私心。虽然说企业领导人在作为领导人的同时，也是个人，但在作为企业领导人进行判断时，夹杂个人的利害得失或是由于健康状况而做出不同的判断，就会成为问题。要当领导人，身体必须健康，这也是理所当然的。我认为，在做某个判断的时候，如果单纯以公平的原则判断应该选择这条道路，那就不能因为这条道路有损自己的健康，或者因为自己在体力和精力方面没有自信，而做出不同的判断，选择其他的道路。

极端地说，集团领导人从不得不顾忌自己的健康和体力的那一瞬间开始，就已经无法做出公平而正确的判断了。在担心自己的健康时，领导人就应该自觉离开领导岗位。如果想继续贡献长期以来积累的经验和知识，可以作为幕僚或参谋继续发挥作用。

领导人的条件之三：必须具备自我牺牲的勇气和精神

——如果要为集团做贡献，就必须付出相应的能量和代价

第三条，要充当集团领导人，就必须重视公平，拥有公平之心。但我认为还需要第三条，即仅仅公平是不

够的，为了集团必须有自我牺牲的勇气。如果想为集团做贡献，就需要相应的能量，也就是说，需要付出代价。领导人具备主动自我牺牲的勇气和精神，就能赢得部下的信任。同时，这也是促使部下奋斗的原动力。

企业领导人会认为"社会理应是这样的"，或者"这不是相互矛盾吗"，会经常抱有这类疑问。领导人会希望这个社会更和谐，更适于生活，会有"为此，想要这样做"的想法。

想让这个世界更适于生活，并不是说创造更适于中坚企业领导人生活的社会环境，而必须是更适于社会大多数人生活的环境。为了实现这个目标，中坚企业领导人可能需要做出某些自我牺牲。如果缺乏这种勇气，就没有资格说什么改变社会，让社会变得更好之类的话。如果中坚企业领导人只想自己过得舒服，只期待社会方便自己，那么大众是不会追随的。

企业经营也是一样的。我认为，中坚企业领导人只有通过某种自我牺牲，创建适合大多数员工工作的公司环境，才能得到员工的信任，其结果就是公司的成长发展。只考虑自己的利益，只图自己过得舒服，员工就不肯追随。

领导人的条件之四：遵循原理原则

——要拥有触及事物本质的思维方式，必须养成回归原理原则进行判断的习惯

第四条，领导人必须时时把"作为人，何谓正确"视为基准，也就是把"是和非"的道理作为基准进行判断，采取行动。判断和行动的基准不是所谓的"常识"，不是世间的惯例。换句话说，时时叩问"作为人，何谓正确"，就是要触及事物的本质，就是要养成回归原理原则进行判断的习惯。

在遇到新事物的时候，应用过去的经验就无法解决，每次遇到新情况总会惊慌失措。但我认为，如果平时就以触及事物本质的思维方式进行判断的话，就绝不会迷惘。所谓"触及事物的本质"，就是以人类社会的道德伦理为基准，思考"作为人，何谓正确"，用正确的方式把正确的事情贯彻到底。

最重要的是，领导人必须对照正确的为人之道来判断、行动。一旦养成这种习惯，那么不论遇到怎样的新局面，或是进入未知的世界，也绝不会举止失措。就是说，中坚企业的经营者之所以能开拓新的领域，不断前进、不断发展，并不是因为过去在这个领域积累了丰富的经验。进入新的领域照样应付自如，获取成功，是因为这位中坚企业领导人不被所谓的常识所束缚，而是基于事物的本质，即用原理原则进行判断的结果。

现在，由于日元升值所导致的"汇率差额返点"

问题[一]成了社会的热点。电力、煤气等公共企业，包括一部分政治家和行政机构，都成为批判的对象。当初，电力、煤气公司对"汇率差额返点"持否定态度，但在社会和各种压力集团的批评下，最终不得不把汇率差额还给了消费者。为什么要这样绕来绕去，最终才实施"汇率差额返点"呢？我认为这简直不可思议。本来，电力、煤气行业是没有市场竞争的行业。在这种竞争原理不发挥作用的垄断行业，领导人持有的思想要公平，要合乎道理，就特别重要。

就这次的"汇率差额返点"问题来说，某个企业在汇率上下变动时，或损失或得利，民营企业都会按照单纯的市场原理做出调整。但是，在这样的垄断行业，这样的思维方式却不适用。

[一] 一旦日元升值，一些从海外进口原材料或产品的企业和商家的采购成本就会下降。其将多出的部分利润回馈社会大众的行为，便是所谓的"汇率差额返点"。——译者注

在竞争原理不起作用的电力、煤气行业，由于石油和其他产品价格的上涨而陷入经营困难时，以石油进口成本上升为由提出涨价申请，并在得到政府当局认可后涨了价。过去这样的事情曾多次发生。就是说，过去的事实是，当原材料价格等上升时，由于企业家的自由裁量无法应对，最后用涨价的方法保证了企业的业绩。

这样的话，反过来，当日元升值导致石油价格下降时，降价就是理所应当的。但现实是，降价并没有发生。理由是日元升值是短期事件，而电力、煤气等行业为满足长期需求需要庞大的投资，所以将日元升值的汇率差额用于投资。另外，即便是实施"汇率差额返点"，一个家庭也只能得到很少的一点儿，与其给予这样微不足道的福利性差额，还不如将其用于长期投资，以确保煤气、电力的正常供应。这个理论说起来似乎振振有词。

但是，没必要将问题考虑得这么复杂。保障长期能源供应的投资，与日元升值没有关系。投资是企业经营中本来就应该有的经营事项。如果没有日元升值带来的汇率差额，长期投资就不投了吗？原材料价格上涨时涨价，原材料价格下降时理所当然就降价。特别是在竞争原理不起作用的市场，这个道理更是显而易见的。

这么简单的道理，为什么作为日本领导者的大企业经营者，以及指导日本经济界的行政官厅却不理解呢？这真是不可思议。把事情说得这么复杂难懂，会招致社会的不信任，失去大家的信赖。当领导人失去大家的信赖时，集团的社会土壤就会完全腐败。我认为，这样的事情不能频繁地发生。

领导人的条件之五：拥有创造之心

——所谓创造，是在思考、思考、再思考的过程中，在苦思苦想的痛苦过程中产生的

第五条，领导人必须时时拥有创造之心，必须具备不断追求、不断创造新事物的思维方式。如果领导人不能时常将创造性思维导入到集团中，集团就无法进步。如果让只想维持现状的人成为领导人，就是这个集团的悲哀。

我认为，所谓创造，产生于深入的思考，它是苦思冥想的产物。它绝不是偶然的心血来潮，也不是别人能够给予的启示。思考再思考，深入再深入，只有在摸爬滚打中经历痛苦、纠结、挣扎的领导人，才有真正的创造。

以我为例，一旦决定新的研发项目，就一定会做到开发完成为止。迄今为止，选定了开发课题而没有成功的一共只有两三个。一般来说，在众多研发项目中，有几个成功就不错了，但我不同。因为我自己是技术员，有研发的经验，我采用的是和狩猎民族猎取动物一样的方法。在发现猎物的足迹后，只带一支标枪,连续几日不停追赶。就是说,一直追到猎物睡觉的地方,这样的话就一定能抓住猎物。这期间,甚至一周时间不吃不喝、不休不止。就是说,持续彻底地研究开发,直到成功,我们就采用这种方法。

研发需要花费巨大的投资。因为是中小企业,在实力很差的状况下,不能一遇到困难就终止研发。所以,我们采用的"主义"是,干到成功为止。

当然,中途放弃的项目也有两三个。放弃的决断是最困难的。有人说,能够正确判断撤退时机的武将才是真正强大而优秀的,我觉得正是这样。

这时候,最重要的是,是否已经真正殚精竭虑了,已经感觉不行了依然继续努力。努力到实在不行,再也无能为力了,这时候才放弃。我自己是古代老派的精神结构,拼上性命,彻底坚持,一直到弹尽粮绝为止。

不是因为财务问题而终止项目。在财务方面,保持充足的储备和充分的余裕是最低条件。所谓弹尽粮绝,说的是研发人员的热情,即精神力量的问题。在项目上穷尽了一切精神力量仍然无济于事,这个时候就要下决心放弃了。

领导人的条件之六:具备勇气,襟怀坦白

——卑怯的举止会引发集团内部的舞弊,导致欺瞒和道德堕落

第六条,我认为领导人绝不能卑怯。领导人必须具备勇气,必须襟怀坦白。卑怯的举止会引发集团内部的舞弊,导致欺瞒和道德堕落。领导人绝不能卑怯。进退必须明确,如有错误必须如实承认,向团队道歉,绝不能寻找借口,推卸责任。

领导人的条件之七：光明正大地追求利润

——光明正大、堂堂正正地努力工作，创造卓越的产品，获取高额的利润

第七条，中坚企业的领导人必须为这个集团追求利润，这绝不是什么可耻的事情。在自由竞争原理发挥主导作用的自由市场上，堂堂正正地做生意所获得的利润是正当的利润。由自由竞争决定的价格是苛刻的价格。在苛刻的价格条件下，推进合理化，提高附加值，才能挤出利润。领导人及其团队通过额头流汗、努力工作得到的成果就是利润，这种利润是堂堂正正的，是理所当然的。当然，不能因为过度追求利润而使用违背正道的卑劣手段，这一点不言而喻。

领导人必须光明正大、堂堂正正以工作、产品作为自己努力的成果，获得高利润，必须走这样的正

道，绝不能梦想"一攫千金"。这是自古以来流传下来的企业经营者的心得。

但是，之前石油危机时，不管规模大小，几乎所有的企业都认为这是千载难逢的机遇，囤积居奇、哄抬物价。这就是几年前发生的事情。但即使在这种社会激烈变动的混乱时期，一批中坚企业领导人依然信念坚定、毫不动摇，绝不用卑劣手段攫取利润，这才带来了企业的成长发展。当时，其中，应该没有忘乎所以、争先恐后追逐暴利的企业，假如有的话，我认为这样的企业的前路也就不长了。

大企业应该比中坚企业拥有更高的道德水准，现实却并非如此，这真是一件悲哀的事情。考虑到日本社会经济的前途，一想到这些失去道德的人将作为日本的领导者受到重用，我痛心疾首、非常遗憾。

领导人的条件之八:认识到自己为什么会成为领导人

——能力必须用来为社会服务,而不是只为自己谋利

第八条,领导人必须自问自答,自己是否有成为领导人的必然性?除自己外,是否有其他人比自己更为适合?自己是否有绝对的自信成为这个集团的领导人?如果有的话,原因又是为什么?另外,自己究竟有没有这个必然性?这些问题应该严肃地自问自答。如果自己不适合当领导人,就应该爽快引退,因为这样做有益于社会,有益于团队。就要用这种严肃的目光审视自己,时常追问自己是否合格,是否有当领导人的必然性。领导人必须有这种严肃追问自己的勇气。

当然,从父母、祖父或是前几代人手中继承事业,从继承家业的角度来看,可以说有必然性。但

是，继承家业的必然性和成为事业领导人的必然性并不是一回事。在这种情况下，对这一点要充分反省。我认为，必须不断严格地自我反省、自我矫正，努力提高自己，成为谦虚的领导人。

具备作为领导人的才能，能够统率众人，头脑明晰，在其专业领域内有不亚于任何人的能力，人也绝对不坏等，因而具备充当领导人的必然性，这样的人确实存在。然而，我思考的是，神灵为什么要将领导人的才能赋予我们？

有能力的人和没有多大能力的人各占一定的比例，这个世界才能够成立。如果世界上所有人的能力都一样，恐怕只会充满纷争而不会形成社会。神灵为了让这个世界平衡协调，才使个人之间的能力有所差别。神灵完全没有必要一定要将能力仅仅赐予你与我，没有这样的必然性，赐予其他人也未尝不可。只需要在一定的人口中存在一定比例有领导才能的人就可以了。具备这种领导能力，并没有非你我不可的必然性。这样思考的话，领导人就必须将能力用于为世人、为社会做贡献，绝不能用于为自己谋私利。

当今世界特别需要追求正道的领导人

对照以上种种条件，会发现有很多事情值得重新审视，其中之一就是航空运输业的问题。

之前，管理运输业的行政机构说，航空运输业人命关天，为了确保安全，国内各个地方的机场都应该只向一家公司开放。但如果这样做，竞争原理就发挥不了作用，市场结构就会扭曲。其结果是除了产生既得利益、堕落和低质服务以外，不会产生任何东西。另外，日本航空体系中中心机场，干线航路的相互进入，双航线、三航线等的必然性经常被提及。这样的要求是理所当然的。不遵循竞争原理，就无法期待进步发展。用行政力量阻止这种正当要求,是逆社会进步发展的潮流而动,是倒退。

这种极其简单、极为理所当然的事情却无法实行。打着尊重生命和安全的旗号,维护单一企业的权益。看到这么荒唐的事情,看到这么简单、这么理所当然的事情不能落实,真让人遗憾。

同时,国际航线也是如此,现在日元如此升值,日航的机票价格却一分也不降,这是荒谬的。以美元计算的国际机票价格和其他产品一样,也应该随着美元贬值而下降,这是由IATA协议所规定的。而现在又以乘机地区货币汇率等各种借口蒙骗、掩饰,这是完全没有道理的。对于不讲道理的事情无动于衷,我认为必须对这种领导人的麻木不仁猛烈开火,促使其反省。国铁重建的问题也是如此,公营巴士、电车、地铁问题都是这样。

在竞争原理失去作用的地方，必然产生怠慢和低效。对于这样的事情，为什么不能按照简单的道理果断地处理呢？就是因为有太多的所谓惯例和常识。我认为，领导人必须用清醒的眼光重新审视这样的事情，拿出勇气，打破陈规，坚决改革。

最后，我虽然嘴上这么讲，但随着企业不断成长发展，我也担心企业会不会堕落。中坚企业的市场占有率越高，往往就越会满足于现状，高枕无忧，不再奋斗，企图轻松获利。我意识到自己也有这样的一面。

就是说，在企业还小的时候，重视正义，重视公平，致力于贯彻原理原则。即便如此，但当企业占据垄断地位，开始傲慢时，这类堕落心绪就会滋长。这种危险的心态，我自己突然意识到了。我认为，集团领导人必须时时严于律己，必须时常严格地反省自己，必须反复不断地与自己内心的敌人做斗争。

不这样做，就绝不可能改革社会，世界也不会变好。

要　点

处于有权力的位置的领导人，必须时刻保持谦虚。一旦地位上升，掌握权力，人就会堕落，特别是变得傲慢不逊。我认为这种傲慢不逊的人，即使一时取得了成功，也绝不可能带领中坚企业持续成长发展。

○

相对的价值观，即认为有了他人才有自己，自己是整体的一部分，这是日本自古以来就有的思维方式。能这样相对地认识事物的人，就能保持谦虚。只有用这种思维方式看待事物，才能保持集团的融洽和和平，同时能够让集团协调发展。我认为用这样的思维方式运行组织，效率最高。

○

要创造这样良好的氛围,领导人必须时刻保持谦虚,要自觉地认识到,有了部下和员工才有自己的存在。我认为,只有具备这种谦虚精神的领导人,才可能构筑不是一时的,而是可以永续成长发展的集团。

○

集团的领导人必须以公平为宗旨。领导人必须经常做出判断,为了做出正确的判断,必须具备公平之心。

○

哪怕只有一点儿私心,判断就会迷惑,决断就会走向错误的方向,所以必须要让不夹杂任何私心的人成为领导人。如果选择有私心的人当领导人,集团就会陷入不幸,集团中就会充满不满,道德就会败坏,活力就会削弱。

中坚企业领导人的条件

○

领导人必须能够以光明正大之心进行判断,绝不能夹杂一丝一毫的私心。作为企业领导人进行判断时,绝不能夹杂个人的利害得失,也不能由于自己的健康状况而做出不适当的判断。

○

集团领导人从不得不顾忌自己的健康和体力的那一瞬间开始,就已经无法做出公平而正确的判断了。因此,在担心自己的健康时,领导人就应该自觉离开领导岗位。

○

如果想为集团做贡献,就需要相应的能量。领导人具备主动自我牺牲的勇气和精神,就能赢得部下的信任。同时,这也是促使部下奋斗的原动力。

○

中坚企业领导人只有通过某种自我牺牲，创建适合大多数员工工作的公司环境，才能得到员工的信任，促进公司的成长发展。

○

领导人必须时时把"作为人，何谓正确"视为基准，也就是把"是和非"的道理作为基准、进行判断，采取行动。判断和行动的基准不是所谓的"常识"，不是世间的惯例。换句话说，时时叩问"作为人，何谓正确"，就是要触及事物的本质，就是要养成回归原理原则进行判断的习惯。

○

在遇到新事物的时候，应用过去的经验就无法解决。但是，如果平时就以触及事物本质的思维方式进行判断的话，即使遭遇新的情况，也绝不会迷惘。

○

所谓"触及事物的本质"，就是以人类社会的道德伦理为基准，思考"作为人，何谓正确"，用正确的方式把正确的事情贯彻到底。领导人对照正确的为人之道来判断、行动，这才是最重要的。

○

领导人必须时时拥有创造之心，必须具备不断追求、不断创造新事物的思维方式。

○

如果领导人不能时常将创造性思维导入到集团中，集团就无法进步。如果让只想维持现状的人成为领导者，就是这个集团的悲哀。

○

所谓创造,产生于深入的思考,它是苦思冥想的产物。它绝不是偶然的心血来潮,也不是别人能够给予的启示。思考再思考,深入再深入,只有在摸爬滚打中经历痛苦、纠结、挣扎的领导人,才有真正的创造。

○

领导人绝不能卑怯。领导人必须具备勇气,必须襟怀坦白。卑怯的举止会引发集团内部的舞弊,导致欺瞒和道德堕落。

○

中坚企业的领导人必须为这个集团追求利润。

○

领导人及其团队,通过额头流汗,努力工作得到的成果就是利润,这种利润是堂堂正正的,是理所当然的。当然,不能因为过度追求利润而使用违背正道的卑怯手段,这一点不言而喻。

○

领导人必须光明正大、堂堂正正以工作、产品作为自己努力的成果,获得高利润,必须走这样的正道。

○

用严肃的目光审视自己,时常追问自己是否合格,是否有当领导人的必然性,领导人必须有这种严肃追问自己的勇气。

○

领导人必须将能力用于为世人为社会做贡献,绝不能用于为自己谋私利。

○

集团领导人必须时时严于律己,必须时常严格地反省自己,必须反复不断地与自己内心的敌人做斗争。不这样做,就绝不可能改革社会,世界也不会变好。

向理想的经营者西乡南洲和大久保利通学习

在大阪盛和塾塾长例会上的讲话
——1989年10月16日

　　大阪盛和塾是继京都和东京之后的第三个分塾,于1989年开塾。在当年10月举行的塾长例会上,稻盛阐述了经营者的理想形象。在讲话中,稻盛参考了明治维新的功臣西乡南洲(隆盛)的事例及其遗训,还参考了为明治新政府的建立做出杰出贡献的大久保利通的事例。

《宛如飞翔》中的两人

前些时间，我在美国处理了一家销售额500亿~600亿日元的美国公司的收购事宜。不久前我刚刚从纽约回来，还没回家就赶到京都盛和塾，讲述了收购的情况。三天前我又出席了东京盛和塾的活动。每次来塾长例会时，我总是来不及整理好讲稿，实在很抱歉。今天我想说一说三天前在东京讲过的话。

听说明年NHK会放映根据司马辽太郎的小说《宛如飞翔》改编的大河新剧，内容是以西乡隆盛和大久保利通为中心的明治维新志士们的事迹。西乡和大久保两人都出生、成长于鹿儿岛市的加治屋町，是从这个小地方走出来的杰出人物。两人的性格正好相反。为什么这两个人能够走到一起，成就了明治维新的伟业？这似乎就是这次大河剧所要探索的课题。由于我也出生于鹿儿岛，三天前，NHK采访了我。我想先从这个话题开始。

向理想的经营者西乡南洲和大久保利通学习

鹿儿岛人对于西乡南洲和大久保利通的不同评价

其实,我一直为西乡南洲所倾倒,我将他的信条"敬天爱人"作为公司的社训,并以此为基础开展企业经营。

西乡南洲在成就明治维新的伟业前,曾因触怒岛津藩主而被流放到冲永良部岛。他在人生的低谷坚持学习中国古典文学,努力磨炼自己的意志,并依据这样的体验建立了自己的哲学和思想体系,为维新伟业立下了汗马功劳。他是拥有优秀哲学的非凡人物。江户城的无血开城,就是由胜海舟这个了不起的人物,遇到了西乡南洲这个同样了不起的人物而得以实现的。

我在西乡南洲的故乡长大。以前,鹿儿岛除了学校教育以外,还有所谓的"乡中教育",即在称之为"学舍"的设施里，对士族子弟进行教育。孩子们学习"示现流"的剑法，进行锻炼，并学习中国古典文学。在这样的教育环境中，我经常会听到西乡的事迹，却不太听得到明治维新的另一伟人大久保利通的名字。我从小就知道西乡是成就明治维新的大英雄，但同时期、同一地区出身的大久保利通，在鹿儿岛的评价却不高，也没人将他的事迹告诉孩子们。

京瓷刚刚成立的时候，为我建立公司的宫木电机公司社长宫木男也先生，就给我拿来了西乡南洲的书法"敬天爱人"，当然是复制品。宫木先生说"这是稻盛先生的同乡西乡先生的书法"，而且特地为我装裱好了。我非常高兴，将其挂在当时唯一的接待室的墙上。从此，我就希望更加深刻地了解西乡南洲，于是重新开始学习他的事迹。

正好就在这个时期，庄内藩（现在山形县酒田市）庄内银行的一位顾问到京都来拜访我。他说："我听

向理想的经营者西乡南洲和大久保利通学习

说稻盛先生特别敬仰西乡南洲,所以今天特地来拜访。"我问:"具体需要我做什么呢?"他说:"其实,我们想在以前的庄内藩,就是现在的酒田市建立南洲神社,所以想来拜访被称为现代西乡南洲的稻盛先生。"我赶紧说:"怎么能把我和西乡相提并论呢?我只是敬重西乡南洲的思想,用他的话作为公司社训而已。"在这次对话中,我第一次听说,西乡南洲殁于西南战争后,不是鹿儿岛,而是庄内藩的人制作发行了《南洲翁遗训》。我向其追问,得知了如下的缘由。

明治维新时,因白虎队而出名的福岛会津藩和山形县的庄内藩等作为旧幕府方,抵抗到了最后,代表新政府的西乡亲自指挥进攻。最后庄内藩力量耗尽,向萨摩军全面投降。这个时候,由西乡主导的戏剧性的一幕发生了。在胜利方入城的时候,西乡要求萨摩藩的武士全部卸下佩刀,空手入城。因为率领的是萨摩藩的狂野武士,为了防范他们的暴力行为,特地让他们放下武器。一般来说,总是失败方缴械投降,而这次西乡却反其道而行之,命令胜利方交出刀枪,而考虑到对方武士的尊严,允许失败的庄内藩人佩刀。这让庄内藩的人们大吃一惊:"多么了不起的人物啊!"他们被统帅萨摩藩的西乡的伟大人格魅力所感动,之后立刻开始向西乡求教。一般而言,在战争中失败的一方会对战胜者抱有仇恨,但很多庄内藩的年轻人却开始拜西乡为师。

西乡在此之后,在明治政府官居要职,但由于与周围的人政见不合,辞官回到萨摩。西乡认为,为了建立近代国家,大家燃烧热情,流血牺牲,但后来成立的新政府却辜负了大家的期待。西乡失望之下,回到鹿儿岛,开始创办私立学校,将自己的热情倾注于鹿儿岛的青少年教育。年轻的庄内藩武士们也慕名而来,到鹿儿岛学习,甚至原庄内藩的年轻藩主都曾来学习。

私立学校的学生们跟着西乡不断学习。他们对世界形势和日本现状的了解越是深入,就越觉得:"不采纳伟大的西乡的意见,新政府实在太荒唐!"这种情绪越发强烈,终于以这些学生为中心发生了暴动。当时,明治政府在鹿儿岛建有弹药库。这些学生攻占了弹药库,夺取了枪炮和弹药,为打倒新政府开始北伐。新政府在熊本县有"镇台",即陆军部队的驻屯地,北伐部队攻占此地后继续北上。庄内藩也有很多武士带着武器匆匆赶来支援。

但不可思议的是,九州各县的队伍申请支援并要赶来会师,却被西乡拒绝了。西乡本来并没有意愿发起这场西南战争,是意气用事的私立学校学生们不计后果的行为引发了战争。从这个意义上说,整个事件就是一场悲剧。

私立学校的学生们发起暴动时,西乡正在大隅半岛的山中狩猎。听说年轻的学生们起义,他匆匆赶回鹿儿岛,对大家说:"既然你们已经这么干了,那就没办法了。"于是他跟随在后。当然，西乡是明知失败而参与的，最后他在鹿儿岛的城山自裁。这个时候，庄内藩的年轻武士也有好几个和西乡死在一起。这些人的墓地就在西乡的墓地周边。庄内藩的人们作为西乡曾经的手下败将，却为他心醉，足以证明西乡的人格魅力。

西乡在西南战争之前，受到很高的评价，但在反抗新政府后背负了叛逆者的污名。后来明治天皇给予恩赦，西乡得到了重新评价。而在这之前，庄内藩的人们就编写了《南洲翁遗训》一书，开始学习。前面我说过，并不是在鹿儿岛直接接受西乡教诲的人编了这样的书，他们仅仅在庄内藩人的基础上做了一些修改。从这一点可以看出，庄内藩的人们是多么倾慕西乡。西乡南洲的器量、格局不同寻常，即使是失败的对手，也在一瞬间被他超凡脱俗的人格所折服。正因为如此，他才能成就明治维新的大业。现在 NHK 将要播放的大河剧，就是描述这样的西乡。

另一方面，与西乡共同成就明治维新大业的大久保利通，被认为是一个十分冷静、明彻的人。当时鹿儿岛县的萨摩藩与山口县的长州藩一起进行倒幕运动，被称为"萨长联合"。在倒幕成功后的新政府里，有功的萨摩人和长州人占据了重要的官职。在萨摩藩有个说法，叫"萨摩的成串芋头"⊖就是说，一个人升官了，他的亲戚朋友就像成串的芋头一样，也都当官。典型的就是当时的警察系统，明治初期有很多被称为"哦以可拉"⊜的警察。"哦以可拉"是鹿儿岛方言，鹿儿岛的很多乡下武士接连变成巡警，鹿儿岛方言成了警察的代名词。但是，大久保利通对于从鹿儿岛来的投奔者却很冷淡，很少录用他们。而西乡被认为是能赢得庄内藩人心的有魅力的人。这次 NHK 的

⊖ 即"一人得道，鸡犬升天"之意。——译者注
⊜ 类似于警察盘查时说的"喂，停下"。——译者注

大河剧好像也着眼于这种对比。

从《南洲翁遗训》看政治和经营的共同点

在与前来采访的 NHK 记者的交谈中,他们问了我很多问题,希望理解西乡到底是怎样的一个人。正是《南洲翁遗训》很好地反映了西乡的人格。我将朗读其中的两三条。西乡不只是讲了遗训里的这些话,而且真正付诸了实践。从这个意义上说,我认为,西乡的教诲对诸位的企业经营也会有很大的帮助。

立庙堂为大政,乃行天道,不可些许挟私。秉公平,踏正道,广选贤人,举能者执政柄,即天意也。是故,确乎贤能者,即让己职。

现代语译:

在国政的大堂上,堂堂正正从事政治活动,与行天地自然之道一样,不可夹杂半点儿私心。不论何事都该秉持公平，依循正道。要广举贤才，让能忠实履行职务者执掌政权，方为天意。换句话说，就是遵循神灵的旨意。所以，若有真正贤明适任之人，应该立即将自己的职位相让。

西乡和大久保以及伊藤博文和山县有朋等成就明治维新大业后被称为维新元勋的人，后来都身居大臣等要职。虽然他们发动革命，建立了新政府，但他们是不是马上就变成了适合治理日本这个新的近代国家的人物呢？这是另外一个问题。要让新的日本国家机构正常发挥功能，要把好政治之舵，就需要选择真正杰出的人才。西乡说，如果出现这样优秀的人物，觉得他比自己更适合成为政府官员的话，那就必须将自己的职位拱手相让。

于国有勋然不堪任者而赏其官职，乃不善之最也。适者授官，功者赏禄，方惜才也。

现代语译：

由此可见，不论于国家有何等功勋，若将官职授予不胜任者以表彰其功绩，此为最大的不善。应慎重选择适任之人授其官职，有功绩之人则赏其俸禄，此乃惜才之举也。

所以，不管对国家有多大功劳，即便是发起了明治维新，推翻了江户幕府的统治，对国家做出了巨大贡献，但对于治理新日本的工作却不胜任，对这样的人授予官职、予以重用是不对的。

官职必须授予适任之人，明治维新有功之臣中可能也有缺乏骨气的人，也有仅凭蛮勇战胜旧幕府军队的人。这些人有没有治理新国家的器量和能力，则是另外一个问题。所以，给有功劳的人以俸禄，就是用金钱来回报，而不是授予官职。西乡说，明白这一点很重要。

这是非常重要的事情。另外，这一段话也同样适用于企业经营。在座各位都是身处领导位置,自己经营企业的人,都是从企业很小的时候就和老员工们一起艰苦奋斗过来的。企业小的时候,不会有优秀的大学生前来就职,只有和企业规模相当的人才。这些人拼命努力,现在公司壮大了,当然要感谢他们。但另一方面,比如说,现在到了准备上市的关键时刻了,让这些人就任专务或社长真的正确吗?这是又一个问题。

这些人迄今为止有很大的贡献,他们自身或许也有期待。但问题是,他们有能力经营企业吗?这个时候,就要用西乡说的"赏其俸禄",即用工资来回报他们。但在日本,也不能只是加工资,也要给予一定的地位,比如说有时候可能也要给予董事职位。如果这个人尽管非常努力,却仍然不能胜任这个职位的话,可以保留其董事职位。但不能给他更大的责任,否则公司会有危险。所以,西乡说,"有功绩之人则赏其俸禄,乃惜才之举也"。

这就超越了不同时代、不同领域。西乡看透了人物评价和待遇的本质。这是因为,他在被流放到荒岛时,不懈地学习中国古典文学,知道了人的本质,知道了世界的本质。

西乡南洲所提倡的领导人的理想形象

西乡南洲因为自己的意见不被采纳,抛弃官职,回到鹿儿岛。另外一边,大久保利通和伊藤博文等其他明治维新元勋出访西洋,亲眼看到了欧美的近代国家,受到了巨大的冲击。"太震撼了,日本的差距实在太大了!"他们抱着强烈的危机感回到日本,而西乡一次都没有去过欧美。这次 NHK 大河剧的制作人员提到,是不是因为西乡没有出访西洋,所以和其他人的世界观不一样?但是我说:"不是这样的,看看遗训的部分内容就知道,西乡有极为睿智的见识,跟其他的明治元勋没什么区别。"关于辞官返回萨摩藩的理由，西乡是这么说的，我读一段：

位万民之上者，慎己，正品行，戒骄奢，勉节俭，勤职务，为人民之楷模。下民若不怜其辛劳，则政令难行。然草创之始，修华屋，穿锦服，抱美妾，谋私财。如此，维新之功业终难成也。今戊辰之义战，竟成营私之态势。念此，无颜对天下，无颜对战死者，泪频催也。

现代语译：

位居于众多国民之上者，理应谨言慎行，戒骄戒躁，图节俭，戒浪费，谦恭朴实，勤于本职，励精图治，成为民众的楷模。一般民众若不为领导者的勤奋工作和简朴生活所感动，不对领导者起怜恤之心，则政府的命令难以得到执行。

然而，现今维新之业刚刚开始，有人却建起豪宅，锦衣玉食，怀抱美妾，一心只想敛财。这样的话，维新真正的目的就无法实现。事到如今，戊辰之战这一正义的战争，已经沦落为某些人贪图私利私欲的工具。西乡念及此事，深觉无颜面对国家，无颜面对战争中的牺牲者，眼泪长流。

西乡说的是，刚刚提到过的那些新政府的官员，根本连政治是什么还没弄明白，就已经沉溺于私利私欲。

西乡推翻了幕藩体制的封建国家，用中央集权的新近代国家取而代之。然而，实际上，新政府刚刚成立，明治维新的功臣们就纷纷官居要职，个个居功自傲。西乡对他们非常失望。这些人都是暴发户，不像西乡一样具备哲学，不经意间飞黄腾达，就以为用权力可以搞定一切，因而迷失了自我。

西乡看到这种情况，看到伊藤博文等建立新政府的官员的所作所为，不禁大为感叹："那场戊辰战争到底是为了什么？明治维新到底是为了什么？我们追求的理想难道就是这样的吗？"发动明治维新，绝不是为了这些人的荣华富贵。西乡对此极度失望，于是返回了鹿儿岛。西乡的这一行为，体现了长者的风范。

领导人要做的无非三条

政之大体，兴文、振武、励农三者。余百般事务皆助此三者之具也。三者中，顺时因势施行先后之序有之，不可此三者后而他者先。

现代语译：

政治之根本为尽力做好这三件事：普及知识学问以振兴教育，整饬军备以强化国家自卫能力，奖励农业以保证生活安定。其他各项事宜皆为推动、促进此三者之手段而已。三者之中，因时代差异或趋势，有何者为先、何者暂缓的先后顺序，然而绝不可将此三者推后而其他政策优先。

赌在技术开发上

就企业经营来讲,"兴文"就是指员工教育。我给大家发表讲演也是这样,如果不把领导人持有的哲学、思想与员工共有,建立一个哲学共有的团队,企业是不可能强大的。有人或许会说,有各种各样观点的人不是很好吗?但事实上,并不是有各种新奇想法的人越多越好。即便是在一个企业里,也要进行教育,必须尽可能多地培养具有共同思想的人。

战后,很多单方面主张劳动者权利,与公司对立的工会出现了。我认为,一个重要的原因就是,领导人没有明示自己持有怎样的思想、怎样的思维方式。如果把大家可以共鸣或赞同的优秀思想向员工们诉说,员工们就会觉得:"老板有这样优秀的思想,为了大家如此辛苦,让人可怜。"这时候,不管工会怎么鼓动员工,公司这个组织还是岿然不动。西乡说,从国家的政治层面来说,教育是最优先的事项,其实在企业经营上也是一样。虽然经营者都很忙,但员工教育是最重要的事，必须对员工进行良好的教育。

"武"对企业经营来说，就是"勇气"。有新的想法与员工商量，即使员工反对说"不行，做不到"，也要有"一定能行"，贯彻自己信念的勇气。特别是，挑战新事业要有勇气。我觉得，应该这样理解"振武"。

"励农"对现代企业来说，我觉得就是提高生产效率，推动技术革新，进行设备投资，推进自动化，开展研发，通过改进生产管理追求合理化，导入计算机，建立系统等，这些都是非常重要的工作。

关注大久保利通，学习他的冷静与理性

西乡南洲就是我刚刚讲过的这样一个人物，而比西乡小两岁的大久保利通却是一个和西乡相对的人物。据说西乡在西南战争中殁于城山，与大久保利通有很大的关系。所以，尽管明治维新已经过去了120

年，大久保利通在鹿儿岛还是缺少人气，并且遭人怨恨。12年前，作为西乡逝世100周年的纪念，有人提议建立西乡南洲的铜像。鹿儿岛各地的捐赠纷至沓来，最终用这些资金建好了铜像。这个时候也有人提议建立大久保利通的铜像，但是大家激烈反对。结果是好不容易在大久保利通出生街区的一角建了一个很小的铜像，而且孤零零的，至今也没有受到鹿儿岛人的欢迎。

然而，就是这个大久保利通，当西乡看透新政府的面目，感到气馁的时候，他却特别勤奋，致力于构筑新的政府机构。在购买豪宅、华服，穷奢极欲的人越来越多的情况下，大久保却非常灵活地利用这些人，构建了现代日本中央机构的雏形。甚至有人说，正因为有了大久保，才有了日本新政府。明治维新之战中的很多人都来自鹿儿岛，之后他们因敬仰西乡，都舍弃官职，追随西乡回到鹿儿岛。在这之中，大久

向理想的经营者西乡南洲和大久保利通学习

保却不随大流,坚持留下来,着手建立明治新政府。NHK打算以一个非常冷酷、不近人情的形象描绘大久保,认为他是一个为达目的不择手段的人,但我却说"这是不对的"。

大久保利通头脑明晰,擅长理论分析,追求合理性。刚刚也讲过,正是因为他的存在,明治新政府才得以建立。西乡依靠哲学统领部下,成就了明治维新的大业。但是,要建立近代国家,是需要理论指导的,而且需要缜密的逻辑推导。西乡恐怕做不到,因为他虽然拥有优秀的哲学,心胸广博,却不是大久保利通那样擅长理论分析的人物。

应该怎么样一步一步地走,应该构筑一个什么样的政府?大久保一直在冷静地观察和思考。西乡这个人更多地带有感性、感情色彩,这可能是大久保无法赞同的部分。但是,想要成就事业,需要大久保这样的个性,我和NHK的人这么说:

赌在技术开发上

"从孩提时代开始,到我自己创办企业前为止,我一直醉心于西乡的人生态度和思维方式。但是当我创办公司开始经营时,我才明白,无论如何,仅仅靠这些是无法顺利经营企业的。这个时候,我才开始认识到,巩固明治维新成果的大久保利通是多么可贵。"

此后,在鹿儿岛的初高中校长会议上讲演时,我是这么说的:"鹿儿岛人为西乡心醉,向往西乡的情操,但仅靠这个是不够的。鹿儿岛人对西乡怀有崇敬之情,这当然很好,但同时也需要学习大久保利通的处世态度。正因为没有这么做,从那以后,鹿儿岛就没有出过伟人,现在经济界和政界都没有鹿儿岛出身的卓越人物。"对此,鹿儿岛的老师们这样解释:"鹿儿岛的优秀人物都在明治维新和西南战争中牺牲了,没有留下优秀的血脉。鹿儿岛剩下的,只有那些庸碌之辈的子孙,所以出不了伟大的人物。"对于这样的解释,我回答说:"这是不对的。因为人们一味批判、责难大久保利通,这个影响太大,所以鹿儿岛才出不了伟人。今后我们还是应该学习大久保利通的长处,学习他了不起的地方。"

两个极端兼备

我把这称为"事物的两极兼备"。经营者必须拥有平衡的人格,因为在经营中需要不断做出各种决断。有时候,即使董事、干部、员工和银行一齐反对,也要坚持自己的信念,以"虽万千人吾往矣"的气概坚决付诸实行。但有时候,即使对于一个普通员工的意见,也要谦虚地倾听。如果他说得对,就要拿出勇气,取消自己原有的计划。也就是说,大胆和慎重需要兼而有之,而不是既不大胆,也不谨慎的中庸之道。

美国作家 F. S. 菲茨杰拉德说:"所谓一流的才智,就是心中同时拥有两种相互对立的思想,并且随时都能让两者正常发挥各自的功能。"与员工相处，有时候要有挥泪斩马谡般的冷峻严格，而有时候则要有佛祖般的慈悲，经营者需要这两个极端兼备。作为需要进行决断的经营者，要具备的不单单是圆满的人品，更要同时拥有两种相互对立的思想。在不同的场合能做出合理的判断，要有这样平衡的人格。

西乡南洲具备高尚的人格，具备哲学，但大久保利通冷静、理性且追求合理性，因此被认为是个冷冰冰的人。不能说哪一种一定是正确的，必须同时拥有两者，并运用自如。但实际上，做到这一点是很困难的。

举例来说，公司发生了腐败事件。这个时候，不管是金钱问题还是其他问题，"绝对不能容忍，如果这种事情置之不理，对几百名员工会产生恶劣的影响"。以挥泪斩马谡的态度来处理，这是无可奈何的。让其离职的方法，既可以是开除，也可以是让其自愿离职。如果这个人本质不坏，只是一时糊涂才犯下了错误，而平时一直很认真努力地工作。现在本人很后悔，说"保证不会发生第二次了"，有什么其他的解决办法吗？其父母也来了，说"已经严厉地教育过他了，请您一定原谅他这一次"。这样的话，是不是这次就原谅他呢？诸如此类，有很多选项，应该选哪一个呢？

如果对方人品还不错，那么推心置腹地与他谈一谈，如果他深刻反省的话，也可以选择原谅他。另一方面，也有不得不开除的案例，有人说："您一直说'敬天爱人'，这么做是不是太冷酷了？"但有时必须严肃处理，根据实际情况的不同，处理方式也不一样。而有时候可能原谅是对的，有时候可能开除才是对的。因为如果容忍腐败的发生，对其他人就无法起到警示作用。

那么，应该怎么决断呢？我一直说"领导人的人格很重要"，这个判断基准正是领导人人格的反映。动不动就开除人的话，员工们的凝聚力就会减弱。但老是原谅的话,对组织就没有警示效果,会产生后遗症。那么,应该怎么处理呢?是不是计算一下,按照一半的比例开除呢?世上没有这种标准。到底应该怎么做没人教,但经营者必须做出决断。这个时候成为判断基准的,就是人格。在每个关键时刻所做判断的积累,像积分一样,成为人生、工作的结果,并不断塑造着公司。选择哪一条道路,对经营者来说,这样的判断极为重要。

前面也讲过,温情和严厉、小心和勇气、缜密和大胆这样的两种极端必须兼备。如果不缜密,就会像竹篮打水一样,无法进行正常的经营。但是,如果仅仅只有缜密,就无法做出大胆的决断。经营者必须同时具备两种相反的性格。如果无法缜密地观察到公司的细节,作为经营者就会漏洞百出,就无法经营企业。为了避免疏漏,仅仅将精力集中于细节,就会看不到大局,又会产生严重的问题。所以,经营者需要同时具备微观和宏观、大胆和缜密、冷静和温情这样相反的性格。

而且,在同时具备两种性格的基础上,经营者还必须将两者用在各自需要的地方。需要温情的时候有温情,在"这里必须严厉"的地方就不能有温情。需要温情的时候却表达严厉,需要严厉的时候却给予温情,这样企业是经营不好的。就像菲茨杰拉德所说的,需要具备在不同的情况下都能正常发挥两者作用的能力。现代社会所谓的一流的才智,就是同时具备相互矛盾的两种性格,而又使之互不矛盾,并正常发挥各自的功能。

自己创业或经营企业的人,大体上都是两者兼备的。如果两者割裂的话,员工就会想:"社长好像有问题啊!怎么刚刚还在一个劲儿地表扬我,突然就劈头盖脸地发起火来,是不是精神不正常?"大部分领导人都具备这两个方面,但必须让两者互不矛盾。因为大多数人都不具备两种性格，所以领导人只要拥有，就已经值得庆幸。但是，这两种性格本身还是矛盾的，不会协调这个矛盾，不会让矛盾变得不矛盾，那么终究也就是个"平庸之辈"，必须让两者正常地发挥各自的功能。

小善是大恶

那么，如何让两者正常地发挥各自的功能呢？需要温情的时候就要体现温情，需要无情的时候就必须出手无情。关于这一点，我经常跟员工们这样说明。

佛教里有"小善"和"大善"的说法，也有"小善是大恶"的说法，就是说小善就像大恶一样。IBM的员工教育中也有这个内容，当然不是采用佛教思想，而应该是用了基督教的思想来表述，也有可能是其创始人托马斯·沃森从自己的经验中总结出来的。

他用这样一个故事来说明。

每年冬天都有野鸭来到湖里越冬。有一年冬天，寒潮来临，湖面封冻，野鸭吃不到水草，饥饿衰弱，处于濒死状态。附近的农家有一个老人看不过去，于是从家里拿出谷物撒在水边，拯救了野鸭。如此，每天早上，野鸭都等着老人带来食物。靠着老人的喂食，野鸭度过了寒冬。但是，由于一直依赖老人的喂食，野鸭已经忘记了在冬季自己觅食的本领。就这样，它们飞回了北方。又一年，野鸭回到了湖里。这一年也像上次一样，湖面封冻了，野鸭无法吃到水草，但老人也在这个寒冬中过世了。野鸭一直等待着老人来喂食，但等来等去，老人还是没有来。最后，野鸭都饿死了，就是这个故事。

下面是我个人的解释。最初的那个冬天，寒潮来临，湖面封冻，老人觉得野鸭可怜，于是给他们喂食，这是"小善"。如果老人置之不管，野鸭也必须在大自然严酷的条件下生存下去。不给野鸭喂食,或许有几只野鸭会饿死,但剩下的会飞向更南方,有一部分应该可以生存下来。这种严酷就是大自然的规律,是"大善"。

孩子的教育也是一样。以前有个谚语,"让可爱的孩子外出旅行见世面",这是"大善"。另一方面,可爱的孩子会撒娇,便溺爱这孩子。由于自己是经营者,有点儿闲钱,耐不住孩子的要求,就随便给钱。这样会培养出不成器的孩子,这是"小善"。这样的孩子将来可能干坏事,成为一个失败的人。眼前小小的爱,实际上却是大恶。正是希望孩子拥有美好的未来,所以才要让他体验人世间严酷的规则,养成良好的习惯,这才是引导其走向幸福的"大善"。

"小善"的领导人比较受欢迎,部下会说"那个人是个好领导",但这种所谓的亲切也可能会转化为怨恨。另一方面,所谓"大善"意味着博大而深沉,有时候甚至不讲情面。挥泪斩马谡这样的无情，实际上是"大善"，必要的时候就要拿出这一手。例如，"这个人并不那么坏，这次就放他一马吧"。这么一想，就把他留下了，而这种做法有可能危及整个组织。如果牺牲一个人，组织整体能够变得更好，那么哪怕无情，也是必要的。

欧洲有一句谚语，"烂苹果要尽早拿出来。"放在筐子里的苹果只要有一个烂了，很快全部都会烂掉，所以要尽早把烂苹果拿出来。像这样，为了"大善"的无情是可以的。我正好对来访的NHK记者也讲到了这一段。我觉得这对在座各位经营企业也有帮助，所以把同样的话又讲了一遍。

严于律己的另一个自己

前面讲到，西乡是一个极度认真、非常严厉的人。遗训中有不能奢侈这一戒条,但由于我们凡人都有欲望,很难做到这一条。

西乡留下了一句名言,"不为儿孙买美田"。事实上,西乡也没有给孩子留下财产。因此,西乡家在鹿儿岛没有财产。西乡的孙辈参议院议员西乡吉之助先生,也没有从祖父那里继承到良田,也就是财产。西乡对自己的要求极为严格,说其所做,做其所说,这就是伟人成为伟人的原因。这是极其了不起的事,我们凡人做不到这一点。拼命努力创立了公司,在工作中付出超凡努力的同时,也有若干比较奢侈的时候。这也不是不可以,不是说什么事情都必须完全按照西乡所说的去做。但是,要知道他说的意思,就是要知道做人应有的姿态。"如此奢侈,不太好吧。对,确实不好,虽然想努力学习西乡,但这次还是原谅我吧。"这是一种态度。另外一种是即使过分奢侈,却认为"我是社长,钱都是我赚的",旁若无人、心安理得。这两种态度是完全不同的。

之前,我不记得是在东京还是大阪的会场上,有个人说"喜欢女性",我觉得他讲得很直率。只要是男人,见到美女,心生爱慕是很自然的。也正因为这样,男性才会奋发努力,这没什么问题,但是有一个程度的问题。遗训中有只想着"抱美妾,谋私财"的说法,要知道,在侍妾围绕、神魂颠倒的状态下,怎么可能经营好企业。"啊!这样不行,不能这样!"如果有这种心态,看到美女后不禁心跳,也就没什么关系了。

另一方面,中小企业的经营者中有些人狂吃豪饮。"我比谁都努力,自己赚的钱想怎么花就怎么花,那是天经地义的。"大言不惭,这种人会不可救药地堕落。"想学西乡严于律己,但这次没做好,不好意思。"有奢侈行为时,带着歉意,诚惶诚恐,若有这种心态,自己就会刹车,防止堕落下去。

赌在技术开发上

不必像严谨耿直的石部金吉（指一本正经、一根筋、无法通融的人）那样，不必完全按照我说的去做，只是照葫芦画瓢，而是要懂得正确的为人之道，在忍不住挥霍的时候，知道这是不对的。"这种程度的奢侈，能不能原谅一次呢？"有愧疚之心，是非常重要的。

为什么要这样做呢？因为不断告诫自己，人就会慢慢发生变化，兴趣会逐步转移到其他方面。比如说，住在满是高级家具的豪宅里得意扬扬的人，会慢慢地变化，甚至会说"这些虚华的东西其实毫无意义"。即使是豪宅，住了两三年以后，也跟普通房子没什么区别了，感觉得到豪华的，也就是刚住进去的那段时间而已。"我家客厅里的家具很气派"，初时不免夸耀。但住了两年后，家具脏了，太太还散漫地躺在上面，其实跟住在十叠⊖一间的小房子里没有任何区别。

⊖ 计算榻榻米的量词，一叠约为 1.65 平方米，下同。——译者注

我自己回到家里,实际待着的地方只有一叠半叠。在起居室里放个坐垫,吃饭看电视都在那里。那么星期天做什么呢?家里二楼有个书房,本该在那里学习,但还是搬个小桌子到起居室,就在那里看书。其他所需要的地方也就是洗手间、浴室和睡觉的地方而已。如果把这些都集中到一起,六叠(约十平方米)的房间就足够了。仔细想一想,拥有一座豪宅,其实并没有必要。慢慢明白这个道理后,就会觉得,炫耀房产之类是极其无聊的。

因为有钱,别人吃一碗饭,你吃三碗,那就一定会生病。再好吃的东西,连吃三天也会生厌。我自己觉得最好吃的是300日元一碗的牛肉盖浇饭,吃一碗味道很好,但也已经很满足了。

我并不是说让大家去模仿这些做法,我想表达的是,要清楚自律这件事情的重要性。偶尔脱轨不要紧,但需要有另一个自我,来告诫现在的自己。我今天在这里做这个演讲,也是为了培养另一个严于律己的自己。

今天的讲演到这里就结束了,非常感谢。

要 点

如果不把领导人持有的哲学、思想与员工共有,建立一个哲学共有的团队,企业是不可能强大的。有人或许会说,有各种各样观点的人不是很好吗?但事实上,并不是有各种新奇想法的人越多越好。即便是在一个企业里,也要进行教育,必须尽可能多地培养具有共同思想的人。

○

经营者必须拥有平衡的人格。有时候,即使董事、干部、员工和银行一齐反对,也要坚持自己的信念,以"虽万千人吾往矣"的气概坚决实行。但有时候，即使对于一个普通员工的意见，也要谦虚地倾听。如果他说得对，就要拿出勇气，取消自己原有的计划。就是说，大胆和慎重需要兼而有之，而不是既不大胆，也不谨慎的中庸之道。

○

与员工相处，有时候要有挥泪斩马谡般的冷峻严格，而有时候要有佛祖般的慈悲，经营者需要这两个极端兼备。

○

在每个关键时刻所做判断的积累，像积分一样，成为人生、工作的结果，并不断塑造着公司。选择哪一条道路，对经营者来说，这样的判断极为重要。

○

温情和严厉、小心和勇气、缜密和大胆这样的两种极端必须兼备。如果不缜密，就会像竹篮打水一样，无法进行正常的经营。但是，如果仅仅只有缜密，就无法做出大胆的决断。经营者必须同时具备两种相反的性格。

○

需要温情的时候却表达严厉，需要严厉的时候却给予温情，这样企业是经营不好的，需要具备在不同的情况下都能正常发挥两者作用的能力。现代社会所谓的一流的才智，就是同时具备相互矛盾的两种性格，而又使之互不矛盾，并正常发挥各自的作用。

○

"小善"的领导人比较受欢迎，部下会说"那个人是个好领导"，但这种所谓的亲切也可能会转化为怨恨。另一方面，所谓"大善"意味着博大而深沉，有时候甚至不讲情面。